AI와 디지털 레플리카

AI문고

인공지능 시대입니다. 기계가 인간의 인지를 대신하고, 사물이 인간을 통하지 않고 다른 사물과 직접 커뮤니케이션합니다. 이에 따른 인간 삶과 문명 변화를 정확히 이해 · 예측 · 대응하는 것은 이 시대 우리 모두의 과제입니다. AI문고는 인공지능 기술과 환경의 여러 주제를 10가지 키워드로 정리합니다. 관련 개념과 이론, 학계와 산업계의 쟁점, 우리 일상의 변화를 다룹니다. 인간과 기술의 현재, 미래를 세심히 분석합니다.

일러두기

- 인명, 작품명, 저서명, 개념어 등은 한글과 함께 괄호 안에 해당 국가의 원어를 병기했습니다.
- 외래어 표기는 현행 어문규정의 외래어표기법을 따랐습니다.

처음이세요?

전문가세요?

AI와 디지털 레플리카

박유선

대한민국, 서울, 커뮤니케이션북스, 2026

AI와 디지털 레플리카

지은이 박유선
펴낸이 박영률

초판 1쇄 펴낸날 2026년 1월 5일

커뮤니케이션북스(주)
출판 등록 2007년 8월 17일 제313-2007-000166호
02880 서울시 성북구 성북로 5-11
전화(02) 7474 001, 팩스(02) 736 5047
commbooks@commbooks.com
www.commbooks.com

ISBN 979-11-430-1616-4 03500

책값은 뒤표지에 표시되어 있습니다.

차례

딥페이크 시대, 새로운 권리 구상

긴 갈색 머리의 따뜻한 눈빛, 아름다운 외모의 여배우 틸리 노우드(Tilly Norwood)는 영국 AI 제작사가 AI를 이용하여 생성된 디지털 배우다.

2025년, 이 가상의 여배우에 대한 매니지먼트 구인 홍보가 이루어지자, 실연자들을 중심으로 AI 생성 배우에 대한 비판이 쏟아졌다. 결국 개발사는 틸리 노우드의 소셜 미디어 계정을 통해 "그녀는 인간을 대체하는 존재가 아닙니다"는 글을 게시하는 해프닝을 벌였다.

이후 스코틀랜드 여배우는 틸리 노우드가 자신의 외모와 제스처를 무단으로 활용해 생성되었다고 주장하며 법적 대응에 나섰다. 이에 영국 배우 조합(Equity)은 그녀의 소송을 지원하며, AI 엔터테인먼트 시대 실연자의 초상, 음성, 퍼포먼스 등에 대한 사전 동의와 정당한 보상을 보장하기 위한 새로운 입법이 필요하다고 주장하였다.

틸리 노우드 제작사는 이 AI 배우를 '할리우드의 스칼렛 요한슨'으로 만들겠다고 발표하였는데, 아이러니하게도 스칼렛 요한슨은 2024년 OpenAI의 ChatGPT가 공개한 음성 인터페이스에 목소리가 무단으로 모사를 겪으며 딥보이스의 피해를 입은 바 있다.

AI 생성 배우의 등장, 딥페이크물의 만연, AI 커버곡 등 딥보이스의 확산은 생성형 AI의 급속한 보급과 쏟아지는 AI 산출물 속에서 실존 인물의 초상, 음성, 동작, 연기 등을 모사한 디지털 레플리카(Digital Replica)에 대한 통제의 필요성과 권리 귀속 문제를 제기한다. 디지털 레플리카는 딥페이크, 디지털 모사물과 교차적으로 사용되며, 이 책에서는 이를 통칭하여 '디지털 모사물'이라는 용어를 사용한다.

디지털 모사물 관련 첫 소송

2025년 디지털 모사물 관련 첫 판결이 이루어졌다. 레어먼 대 로보(Lehrman v. Lovo) 사건에서, 성우인 원고들은 음성 녹음 작업에 관한 계약을 체결하고 목소리를 녹음한 음성 파일을 제공하였다.

계약상 해당 녹음물은 내부 연구 · 학술 연구 · 라디오 광고 테스트 용도에만 이용되며 외부에 공개되거나 상업적으로 활용되지 않도록 제한되었다. 그러나 AI 음성 생성과 텍스트-음성 변환 등의 서비스를 제공하는 스타트업 Lovo는 원고들의 음성 녹음을 AI 음성 생성기인 제니(Genny)에 포함시켜 음성 복제물(clones)을 생성하였고, 합성된 음성은 오디오북, 광고, 팟캐스트 등의 상업적 용도로 유료 구독자에게 제공되었다.

2023년 7월 원고들은 계약 위반, 상표법, 저작권법, 뉴욕 민권법(Civil Rights Law)과 소비자 보호법의 위반, 부당 이득 등을 이유로 소를 제기하였다. 미국 뉴욕 남부 연방지방법원은 원고의 저작권 침해 주장에 대해, 원고의 녹음 저작물의 일부를 직접 복제하여 사용한 데 대해 저작권 침해를 인정하였다. 그러나 원고의 음성을 AI 학습 데이터로 사용한 데 대해 어떻게 침해되었는지 확인할 수 없으며, "저작권으로 보호되는 녹음물을 흉내 낸 녹음물은 저작권 침해가 아니며, 그 흉내가 아주 잘 이루어졌다고 해도 실제 복제가 없는 한 침해가 아니다"라고 판시하여 AI 산출물에 의한 침해를 부인하였다. 퍼블리시티권 침해와 관련하여, 피고의 음성 복제물이 원고의 실제 음성과 구분하기 어려울 정도로 유사하며 해당 복제 음성이 상업적 목적으로 이용되었음을 인정하여 퍼블리시티권 침해를 인정하였다.

본 사건에서 상표권 침해 및 저작권 침해 주장이 대부분 받아들여지지 않은 것은 현행 지식재산권법 체계가 디지털 모사물을 충분히 보호하지 못함을 드러낸다. 특히 저작권법상 실연자의 저작인접권은 실연 자체를 복제하지 않는 한 AI로 모사된 표현에 대해 보호를 제공하지 못하므로, AI 환경에서 이에 대한 법적 논의가 필요함을 시사한다.

디지털 모사물과의 경쟁

딥페이크는 여성에 대한 성적 대상화, 리벤지 포르노, 선거 시즌에 정치인의 이미지와 발언을 조작한 허위정보 유포 등 인격권 침해와 민주적 의사 결정 과정의 왜곡, 사회적 신뢰 훼손 등 공익적 측면에서 피해를 초래한다. 더불어, 유명인의 인격 표지를 디지털 모사물로 생성하여 이를 상업적 목적으로 사용함으로써 재산적 이익을 침해하는 형태로도 발생한다.

특히 배우나 가수의 인격 표지를 극히 사실적으로 디지털 모사하여 이용하는 경우 실연자의 권리를 심각하게 침해할 수 있다. 디지털 모사물은 단순한 외형의 복제를 넘어, 실연자가 예술적 정체성을 형성하기 위해 축적해 온 고유한 표현 양식과 실연 특성을 모방·재현함으로써 실연자의 실연을 대체할 수 있으므로, 실연자가 자신의 디지털 모사물과 시장에서 경쟁해야 하는 실존적 위협에 직면할 수 있기 때문이다.

디지털 모사권 도입을 통한 보호

인공지능 기술의 발전과 메타버스 공간의 확장으로 디지털 모사물이 더욱 정교해지고 활용 범위가 확대되는 상황에서 인간의 정체성을 나타내는 인격 표지를 어떻게 보호할 것인가에 관하여 주요국은 다양한 접근 방식을 취한다.

미국은 연방법 차원의 디지털 모사권의 창설을 추진하고 있다. 미국 저작권청(USCO)은 인공지능과 저작권에 관한 첫 번째 보고서에서 디지털 모사물로 인한 피해와 보호의 필요성을 검토하고 연방법으로 디지털 모사권을 도입하도록 권고하고 권리의 구체적인 윤곽을 제시하였다.

유럽연합(EU)은 개인정보보호법(GDPR)과 EU 인공지능법(AI Act)을 통해 생체 정보를 포함한 개인정보 처리에 통제권을 정보 주체에게 부여함으로써 디지털 모사물의 생성과 이용을 사전적으로 규제하는 방식을 취한다. 또한 디지털 단일 시장 저작권 지침(EU Directive 2019/790)에 따라, AI가 저작물을 학습 데이터로 사용되는 것을 규율한다.

유럽 개별국 중 덴마크는 저작권법 개정을 통해 일반인 및 실연자의 동의 없이 생성된 디지털 모사물의 배포와 전송을 금지하고, 인격 표지 주체가 해당 콘텐츠에 대해 손해배상청구권을 행사하거나 삭제를 요청할 수 있도록 권리 구제 절차 마련을 추진하고 있다.

우리나라는 딥페이크에 대해 공직선거법 및 AI 기본법을 중심으로 AI 생성 사실을 이용자가 명확히 인식할 수 있는 강화된 표시 의무를 부과하는 방식으로 규율하고 있다. 그러나 디지털 모사물의 이용을 통제할 수 있는 권리로서 디지털 모사권의 개념은 도입되지 않았으나 그 도입의 필요성에 대한 논의는 지속적으로 이루어지고 있다.

인공지능 시대 패러다임의 변화

저작권법은 오랜 기간 인간의 사상이나 감정을 표현한 창작물만을 보호 대상으로 삼는다는 원칙을 유지해 왔다.

이는 누구나 자유롭게 기존의 아이디어를 활용하여 새로운 창작을 이어갈 수 있도록 하기 위함이었다. 그러나 생성형 AI의 등장은 이 오랜 균형을 뒤흔들고 있다. 과거 오직 인간의 지성과 노력에 의존했던 '표현의 구체화'라는 어려운 작업이 이제 AI에 의해 대체될 수 있다. 표현을 보호함으로써 창작자에게 보상하고자 했던 저작권법의 기본 원칙은 근본적인 도전에 직면하게 된 것이다.

새로운 방향과 영감을 제시하는 아이디어의 가치가 그 어느 때보다 중요한 시기이지만 AI를 활용하여 아이디어를 구체화한 표현에 대해서는 권리가 인정되지 않는다. 실존 인물을 완벽하게 모방하는 디지털 모사물이 실제 인간을 대체할 수 있는 환경이 도래했지만, 전통적인 지식재산권법 체계는 이러한 변화를 온전히 담아내지 못하고 있다.

우리 법체계는 이 새로운 기술적 현실을 포용할 수 있을 것인가? 아니면 근본적인 재설계가 필요한 것일까? 이 책은 이러한 도전적인 질문을 디지털 모사물을 중심으로 현행 법제도를 분석하고 관련 쟁점을 깊이 있게 검토하고자 한다.

참고문헌

김원오(2025a). "생성형 AI 프롬프트 기반 창작 시대의 IP 규범 재정립". 한국법제연구원.

김원오(2025b). 《AI 프롬프팅과 지식재산》. 커뮤니케이션북스.

김창화(2025). "AI 음성 복제물(Clones)에 대한 미국 법원의 저작권 및 퍼블리시티권 침해 판단". 《저작권동향》, 7. 한국저작권위원회.

김형지·정선아(2025). "인공지능기본법 통과에 따른 표시의무 도입과 국내 입법 동향". 《리걸타임즈》, 193.

박유선(2024). "디지털 모사권(Digital Replica Right) 도입을 통한

실연자 보호에 관한 연구". 《산업재산권》, 79, 355~394쪽.
박유선(2025). "인공지능 시대 디지털 모사권에 관한 연구". 《계간 저작권》, 38(2), 141~184쪽.
박준우(2024). "인공지능(AI)·딥페이크 생성물의 퍼블리시티권 침해 연구". 《산업재산권》, 79, 315~354쪽.
샤우팅의 영상 이야기(2025). "AI 배우 틸리 노우드와 창작자 엘린 판 데르 벨덴 그리고 AI 논란에 대하여". 티스토리. https://twd-shouting.tistory.com/2095
Lehrman v. Lovo, Inc. 1:24-cv-3770 (S.D.N.Y. 2025).
Mantegna, M.(2024). ARTificial: Why Copyright Is Not the Right Policy Tool to Deal with Generative AI. *Yale Law Journal 133*.
Murphy, M. & McMahon, L.(2024.5.21). Scarlett Johansson 'shocked' by AI chatbot imitation. BBC News. https://www.bbc.com/news/articles/cm559l5g529o
U.S. Copyright Office(2024). Copyright and Artificial Intelligence, Part 1: Digital Replicas. USCO.

01
딥페이크 시대, 디지털 모사권

플라톤의 《국가》에 등장하는 동굴의 비유는 실재와 모사의 관계를 보여 준다. 동굴 속 죄수들은 벽에 비친 그림자를 실재(實在)로 믿지만, 진정한 실재는 동굴 밖에 존재한다. 디지털 모사권은 실존 인물의 음성과 이미지를 모사한 디지털 산출물에 대해 그 주체에게 통제권을 부여하는 권리다. 이는 그림자의 실체(實體)에게 권리를 부여하려는 시도라 할 수 있다.

기후 위기와 인공지능?

그림자와 실재: AI 시대 디지털 모사

플라톤의 《국가》에 등장하는 동굴의 비유 속 죄수들은 어릴 적부터 동굴 안에 갇혀 벽만을 바라보며 자라났다. 그들은 벽에 비친 사람이나 물건의 그림자를 '실재'라 믿으며 살아간다. 어느 날 한 죄수가 사슬에서 풀려나 동굴 밖으로 나가 태양 아래 진짜 사물과 세상을 경험한다. 그가 동굴로 돌아와 본 것을 전하지만, 다른 죄수들은 이를 믿지 않고 조소한다.

생성형 AI가 보편화되면서 딥페이크 생성 기술은 비약적으로 발전하였으며, 최근 공개된 이미지 생성 기술은 단순한 텍스트 프롬프트와 이미지 업로드만으로 마치 실존 인물이 등장하는 것과 같은 이미지나 영상 생성이 가능해졌다. 이러한 기술적 진보는 배우나 가수의 디지털 모사물 생성 및 AI 생성 캐릭터 제작을 용이하게 만들었으나, 동시에 실연자의 초상권, 퍼블리시티권, 인격권 침해에 대한 우려를 증폭시킨다.

디지털 모사권이란?

디지털 모사권 관련 논의는 실존 인물의 음성이나 시각적 이미지를 모사한 디지털 모사물에 대해, 그 주체에게 이를 통제할 수 있는 법적 권리를 부여해야 하는가에 관한 것이다.

디지털 모사물은 "특정 인물을 사실적으로 묘사하되 허위로 표현하는 방식으로, AI를 포함한 모든 디지털 기술에 의해 생성되거나 조작된 영상, 이미지 또는 오디오 녹음"으로 정의된다(USCO). 디지털 모사권은 이러한 디지털 모사물의 생성 및 이용을 허락하고 통제할 수 있는 권리를 말한다.

디지털 모사권은 실존 인물의 외관, 음성, 동작 등을 사실적으로 모사하여 마치 본인인 것처럼 인식되도록 만든 디지털 콘텐츠로 인해 발생하는 경제적 · 인격적 이익의 무단 이용과 침해로부터 해당 인물을 보호하고자 하는 것이다.

퍼블리시티권으로 충분하지 않은가?

개인의 성명, 초상, 음성 등 개인의 정체성을 나타내는 표지의 경제적 · 상업적 가치를 배타적으로 통제할 수 있는 권리로 퍼블리시티권이 있다.

퍼블리시티권은 인격 표지가 갖는 경제적 가치를 보호하기 위한 권리로, 권리 주체가 유명인에 한정되지는 않지만 실제로는 인격 표지에 경제적 가치가 인정되는 유명인에게 주로 적용되어 왔다. 퍼블리시티권 침해 소송에서 원고는 피고가 자신의 성명, 음성, 초상 등을 무단으로 상업적 목적으로 사용했으며, 그로 인해 손해가 발생했음을 입증해야 하는데, 일반인의 경우 인격 표지에 대한 경제적 가치와 퍼블리시티권 침해로 인한 실질적 손해를 증명하기 어렵다.

딥페이크 기술을 이용한 디지털 모사는 유명 연예인의 초상, 음성 등을 사실적으로 모사하여 실연을 대체하거나 그 유명세에 편승해 경제적 이익을 얻기 위한 수단으로 활용될 수 있다. 그러나 상업적 목적과는 무관하게 성적 대상화나 리벤지포르노와 같이 사적 보복 목적으로 이용되기도 한다. 또한 정치인의 이미지와 발언을 조작하여 허위 정보를 유포함으로써 선거에 영향을 미치는 경우도 있다. 이처럼 디지털 모사의 악용은 단순히 퍼블리시티권 침해만으로는 포괄하기 어려운 다양한 양상으로 나타난다.

실존 인물을 대상으로 한 디지털 모사는 표현 방식에 따라 사실적 모사와 변형적 모사로 구분될 수 있다. 사실적 모사는 실존 인물의 초상, 음성, 동작 등 인격 표지를 사실적으로 재현하여 현실과 거의 구별이 불가능한 수준으로 표현하는 방식을 말하며, 딥페이크, AI 커버곡 등이 그 예다. 반면, 변형적 모사는 실존 인물의 초상이나 시각적 이미지의 특징을 추출한 뒤 이를 변형하여 표현하는 방식으로, 애니메이션 캐릭터나 아바타가 이에 해당한다.

디지털 모사권은 고도로 사실적인 모사를 전제로 하는 반면, 퍼블리시티권은 반드시 사실적 모사가 아니더라도 특정 인물로 식별 가능하면 적용될 수 있다. 예컨대, 미국의 인기 게임쇼 'Wheel of Fortune'에서 바나 화이트(Vanna White)는 참가자들이 영어 단어 퍼즐을 맞힐 때마다 무대 위에서 알파벳 글자를 공개하는 역할을 맡아 1980년대부터 국민적 인지도를 얻었다. 1990년대 초 삼성전자는 미래를 배경으로 한 광고에서 드레스를 입은 여성 로봇이 퀴즈판 앞에 서 있는 장면을 제작했다. 이름이나 얼굴은 등장하지 않았지만, 시청자라면 누구나 바나 화이트를 연상할 수 있도록 구성되었다.

화이트는 자신이 수십 년간 쌓아온 고유한 이미지와 역할이 무단으로 이용되었다며 퍼블리시티권 침해를 주장하였다. 법원은 인격 표지가 단순히 얼굴이나 이름에 국한되지 않으며 대중이 인식하는 정체성 전체를 포함한다고 판시하며 퍼블리시티권 침해를 인정했다. 즉, 퍼블리시티권은 개인의 초상이나 음성뿐만 아니라 특정 인물을 식별할 수 있는 사물에까지 확장되어 적용될 수 있음을 보여 준다. 예컨대, 미국의 유명 연예인 킴 카다시안(Kim Kardashian)의 초상, 외모, 패션 스타일, 신체적 특징 등을 반영한 도형 형태의 이모지인 '키모지(Kimoji)'는 그러한 특징만으로 그녀를 충분히 식별할 수 있다고 판단되어 퍼블리시티권에 의한 보호가 인정된 바 있다.

디지털 모사권은 실존 인물의 인격 표지에 대한 극히 사실적인 모사만을 대상으로 한다. 따라서 인물의 특징적 모습이 변형적으로 모사된 캐릭터나 물품(로봇이나 이모지)에는 적용되지 않는다. 디지털 모사권은 개인의 인격 표지를 상업적으로 이용하여 얻는 경제적 이익의 귀속에 관한 퍼블리시티권과 달리 실존 인물이 마치 실제로 그러한 행위를 한 것처럼 사실적으로 재현하는 데 대해 인격 표지 주체의 인격권과 재산권을 보호하고자 한다.

디지털 모사권 도입을 위한 해외의 움직임

주요 국가들은 딥페이크로 인한 인격적 · 재산적 피해로부터 개인을 보호하기 위한 법제도 정비를 추진하고 있으며, 디지털 모사권에 대한 입법 논의도 활발히 이루어지고 있다.

미국은 주법과 판례를 통하여 오랫동안 퍼블리시티권을 인정해 왔다. 그러나 전통적인 퍼블리시티권 침해와 AI 기술에 의한 디지털 모사물로 인한 권리 침해는 본질적으로 차이가 있고, 저작권법이나 상표법 등 기존의 법률만으로 AI 생성 디지털 모사물로 인한 문제를 다루기에 충분하지 않다고 판단하여 연방법과 주법으로 디지털 모사권에 관한 새로운 입법을 추진하고 있다.

유럽연합(EU)은 개인정보보호법(GDPR)과 EU 인공지능법(EU AI Act) 등을 통해 정보 주체에게 생체 정보를 포함한 개인정보 처리에 대한 통제권을 부여함으로써 디지털 모사물의 생성 및 이용을 사전적으로 규율하는 방식으로 대응하고 있다.

최근 덴마크는 저작권법 개정을 통해 일반인과 실연자가 자신의 디지털 모사물을 통제할 수 있는 법적 근거를 마련하고 있다. 개정안은 보호 대상을 이원화하여, 첫째, 일반인의 외모나 목소리 등 개인적 특징을 사실적으로 디지털 모사한 것을 당사자 동의 없이 공유하는 행위를 금지하고, 둘째, 실연자 및 예술가의 공연이나 표현을 디지털로 사실적으로 재현한 모사물을 당사자 동의 없이 생성, 배포하는 행위를 금지한다. 이를 통해 일반인의 인격권과 실연자의 직업적 권리를 보호하는 체계를 구축하고자 한다.

우리나라의 디지털 모사물 대응

퍼블리시티권은 미국에서 주법과 판례를 통해 독자적으로 형성·발전해 온 권리로, 대륙법계를 기반으로 하는 우리나라에서는 판례를 통해 제한적으로 인정되어 왔다. 여러 차례 다양한 법률에 퍼블리시티권을 편입하려는 시도가 있었으나, 그 법적 성격과 적용 범위를 둘러싼 견해 대립으로 인해 명문화되지 못하였다.

이로 인해 우리나라에서 퍼블리시티권의 법적 지위는 여전히 불안정하다. 유명인을 대상으로 한 사건에서 퍼블리시티권을 인정한 판례와 부정한 판례가 모두 존재하며, 인정 판례의 대부분은 하급심 판결에 한정되어 있다. 특히 대법원 판결이 부재하다는 점에서 퍼블리시티권의 법적 근거와 범위는 아직 확립되지 않은 상태다.

다만 2022년 신설된 부정경쟁방지 및 영업비밀보호에 관한 법률 제2조 제1호 타목에 따라, 유명인의 인적 식별 표지(성명·초상·음성·서명 등)를 공정한 상거래 관행 또는 경쟁 질서에 반하여 영업상 무단 사용하여 타인의 경제적 이익을 침해하는 행위는 부정경쟁 행위로 규제된다. 부정경쟁방지법은 퍼블리시티권을 부여하는 대신 인적 식별 표지 무단 사용으로 타인의 경제적 이익을 침해하는 '행위'를 부정경쟁 행위로 규정함으로써 퍼블리시티권 부재로 인해 현행법 체계에서 발생 가능한 복잡한 논란이나 부작용을 최소화하고자 하였다. 그러나 부정경쟁방지법을 통한 규제는 경쟁법적 관점에서의 접근이므로 디지털 모사물에 대해 인격 주체에게 권리를 부여하고자 하는 외국의 입법 동향과는 근본적 차이가 있다.

디지털 모사물 규제의 필요성

미국 월스트리트저널(WSJ)에 따르면, 딥페이크 음란물에 가장 취약한 국가는 한국인 것으로 나타났다. 미국 사이버보안 업체가 발표한 '2023 딥페이크 현황' 보고서에 따르면, 딥페이크 음란물에 등장하는 인물 중 53%가 한국인이었으며, 특히 한국인 피해자의 대부분은 가수와 배우 등 연예인으로 확인되었다.

개인의 인격 표지를 보호하는 법적 장치가 여전히 불안정한 상황에서, AI 기술은 기하급수적으로 발전하며 급속도로 확산되고 있다. 더욱이 영화와 음악 분야에서 한류의 영향력이 전 세계로 뻗어나가면서, 국내 연예인들은 디지털 모사물 악용의 주된 표적이 되고 있다. 이러한 시대적 상황을 고려할 때, 인격 표지 주체의 동의 없는 디지털 모사물 생성과 이용에 대한 포괄적 법적 보호 체계의 확립은 더 이상 미룰 수 없는 시급한 과제다.

참고문헌

김원오(2025). "생성형 AI 프롬프트 기반 창작 시대의 IP 규범 재정립". 한국법제연구원.

김종국(2024). "영화산업의 생성형 인공지능(Generative AI) 활용 현황과 문제점". 《JITAM(Journal of Information Technology Applications & Management)》, 31(3), 181~192쪽.

박성호(2023). 《저작권법》. 박영사.

박유선(2024). "디지털 모사권(Digital Replica Right) 도입을 통한 실연자 보호에 관한 연구". 《산업재산권》, 79, 355~394쪽.

박유선(2025). "인공지능 시대 디지털 모사권에 관한 연구". 《계간 저작권》, 38(2), 141~184쪽.

박준우(2024). "인공지능(AI)·딥페이크 생성물의 퍼블리시티권 침해 연구". 《산업재산권》, 79, 315~354쪽.

차상육(2022). "인공지능 창작물 관련 저작권 침해 쟁점". 《경영법률》, 32(4). 45~90쪽.

최창욱·정유미(2022). "국내외 언론이 바라본 딥페이크 기술". 《한국디지털콘텐츠학회 논문지》, 23(5), 893~904쪽.

한지영(2023). "민법상 '인격표지영리권' 입법에 관한 비판적 고찰". 《아주법학》, 16(4), 163~194쪽.

KBS 뉴스(2024.8.29). "한국, 딥페이크 음란물 취약국 1위… 최대 피해자는 한국 가수". https://news.kbs.co.kr/news/pc/view/view.do?ncd=8047148

Cohen, S. et al.(2025). Congress Reintroduces the NO FAKES Act with Broader Industry Support. *The National Law Review, 15.*

Kendall, C.(2011). The Publicity Rights of Avatar's Avatars. *UCLA Entertainment Law Review, 18.*

Khan, O. A.(2010). Me, Myself, and My Avatar: The Right to the Likeness of Our Digital Selves. *I/S: A Journal of Law and Policy for the Information Society.*

SAG-AFTRA(2023). TV/Theatrical Contracts 2023. https://www.sagaftra.org/sites/default/files/sa_documents/TV-Theatrical_23_Summary_Agreement_Final.pdf

Shtefan, A.(2024). The Digital Replication Right as the Element of the Right of Publicity in the AI Age. https://ssrn.com/abstract=4788701

U.S. Copyright Office(2024). Copyright and Artificial Intelligence, Part 1: Digital Replicas. USCO.

02
실연자의 그림자

디지털 모사물은 실연자를 대중에게 각인시킨 연기, 발화 방식, 감정 표현 등 실연의 모든 측면을 정교하게 복제한다. 이는 실연자를 실연자로 존재하게 하는 예술적 역량 자체를 재현하는 것으로 실연자의 실연을 사실상 대체할 수 있다.
그러나 역설적이게도 저작권법은 실제 실연을 복제하지 않은 이상 침해로 보지 않으므로, 실연자는 법적 보호의 사각지대에 놓이게 된다.

노래하는 AI 보컬?

실연자의 그림자

영화 〈스타워즈〉의 프린세스 레아를 연기한 캐리 피셔(Carrie Fisher)는 2016년 사망했다. 그녀의 사망 이후, 루카스필름은 아카이브 영상과 디지털 더블을 활용해 〈로그 원: 스타워즈 스토리〉에서 그녀의 젊은 모습을 재현하였다. 또한 다스 베이더의 목소리로 유명한 제임스 얼 존스(James Earl Jones)는 AI 기술을 활용해 자신의 목소리를 디지털 복제하는 것을 허용하여 존스의 성우 활동 은퇴 이후에도 디즈니가 다스 베이더 캐릭터에 그의 목소리를 사용할 수 있게 했다.

할리우드 액션 스타 브루스 윌리스는 2022년 은퇴 후, 자신의 얼굴과 음성을 딥페이크 및 AI 음성 합성 기술로 활용하는 광고 라이선스 계약을 체결하였고, AI로 생성된 배우의 초상, 음성, 연기 스타일이 모사된 광고가 등장하였다.

그러나 할리우드 진출을 꿈꾸는 무명 배우에게 AI 기술의 발전은 전혀 다른 현실을 의미한다. 무수한 무명 배우들은 대형 프랜차이즈 영화의 단역을 얻기 위해, 자신의 초상, 음성, 동작, 연기 스타일 등이 AI 및 CGI 기술로 무제한 복제 · 재사용될 수 있다는 조항이 담긴 계약서에 사실상 협상의 여지 없이 서명할 것이 요구된다.

이런 계약은 디지털 모사물 생성과 이용에 대한 권리를 광범위하게 양도하도록 요구하면서도, 배우에게는 실질적인 통제권이나 적절한 보상을 보장하지 않는 경우가 빈번하다. 영화사에 비해 협상력과 정보력에서 현저히 열위에 있는 무명 배우들은 경력 초기에 체결한 계약으로 인해 장기간 자신의 인격 표지에 대한 통제권을 상실할 위험에 처하게 된다. 나아가 영화제작사가 제시하는 계약 조건을 전부 수용하지 않으면 영화에 전혀 참여할 수 없는 소위 'take-it-or-leave-it' 계약 현실을 고려할 때, 무명 배우의 경우 한 번의 계약으로 자신의 인격 표지가 AI 훈련 데이터로 사용되고 디지털 모사물이 생성·이용되는 것을 통제할 수 없는 상황에 놓일 수 있다.

디지털 모사물과의 경쟁

전통적인 퍼블리시티권이 유명인의 성명, 초상, 음성 등을 권한 없이 상업적 광고 등에 사용하여 마치 해당 유명인이 상품과 관련이 있거나 이를 추천하는 것처럼 오인시키는 행위를 규제하는 데 초점을 맞췄다면, 디지털 모사물은 개인의 인격 표지를 단순히 외형적으로 모사하는 데 그치지 않는다는 데 중요한 차이가 있다.

디지털 모사물은 AI 기술을 이용해 얼굴뿐 아니라 음

성, 동작, 실연 전반을 정교하게 모사한다. 단순한 외형적 재현을 넘어 실연자가 배우로서 능력을 발휘하는 과정 전체, 즉 예술적 정체성을 형성하기 위해 축적해 온 고유한 표현 양식과 실연 특성까지 재현한다. 이는 실연자를 대중이 인식하게 만든 연기, 발화 방식, 감정 표현 등 실연의 모든 측면을 다면적으로 복제하는 것으로, 실연자를 실연자로 존재하게 하는 예술적 역량 자체를 재현하는 것이다.

이에 따라 디지털 모사물은 실제 실연자가 직접 연기하는 것과 유사한 수준의 사실성을 구현하며, 실연자의 실연을 사실상 대체하는 결과를 초래한다. 결과적으로 실연자들은 자신의 디지털 모사물과 시장에서 경쟁해야 하는 상황에 놓이게 되었다. 실연자들은 출연 기회를 잃고 경제적 보상 기회도 사라지며, 자신의 실연에 대한 통제력마저 상실하게 된다. 디지털 모사물이 실연자의 창작적 정체성을 완전히 대체할 수 있는 존재로 기능하게 되면서, 실연자는 가장 실질적이고 중대한 위협을 받는 주체가 되었다.

실연자들의 반격

2023년 7월, 미국 영화·TV 배우 및 방송인 협회

(SAG-AFTRA)는 인공지능을 이용한 실연자의 음성, 초상, 연기의 무단 복제 및 재사용으로 인한 실연자의 권리 침해를 핵심 쟁점으로 할리우드 역사상 가장 긴 파업을 결행하였다. 118일간의 파업은 SAG-AFTRA와 영화 및 텔레비전 제작자 연합(AMPTP)이 인공지능을 활용한 디지털 모사물 생성에 대한 실연자의 권리를 계약상 명확히 규정하는 데 합의하면서 타결되었다.

SAG-AFTRA와 AMPTP 간 체결된 합의안에 따르면, 영화 제작과 관련하여 실연자와 고용 계약이 존재하는 경우, 제작자가 실연자가 물리적으로 참여하지 않은 상태에서 해당 실연자를 묘사하는 사진 또는 사운드트랙을 생성하기 위하여 디지털 기술을 이용하여 디지털 모사물을 제작하려는 때에는, 제작 개시 최소 48시간 전에 사전 통지하여야 하며, 생성에 착수하기 전에 실연자로부터 명확하고 명시적인 동의를 얻어야 한다. 아울러, 디지털 모사물이 실연자의 실제 연기를 대체하여 사용되는 경우, 실연자는 해당 장면을 직접 연기하였을 경우 소요될 것으로 예상되는 제작 일수 및 그에 따른 보상 수준을 산정 기준으로 하여 공정한 보수를 지급받을 권리를 가진다.

독일 실연자들 또한 디지털 모사 기술로 인한 권리 침

해 문제에 대응하기 위해 집단행동을 전개하였다. 2025년 2월 독일 연방 배우조합(BFFS), 공공부문 노조(ver.di)와 영화제작자연합(Produktionsallianz)은 생성형 AI 기술의 영화 제작 활용에 관한 협약을 체결하였다. 이 협약에 따르면, 배우의 디지털 모사물 생성 · 복제 · 배포 · 전시에 대해 원칙적으로 실연자의 동의를 받아야 한다. 이는 모션 캡처를 통해 실연자가 직접 참여한 경우든, 기존 자료를 활용한 경우든 상관없이 적용되며, 디지털 모사물을 다른 작품에 사용할 경우 사용 목적과 보수를 명시한 별도의 서면 계약을 체결하고 실연자의 명시적 서명을 받아야 한다.

실연자의 저작인접권

실연자는 창작자의 저작물을 공중에게 전달하는 매개자의 역할을 하나, 실연자의 작품 해석 능력과 기량에 따라 저작물이 전달하는 감흥은 전혀 달라질 수 있다. 예컨대, 셰익스피어의 희곡 〈햄릿〉은 동일한 대본을 기반으로 하더라도 시대를 걸쳐 서로 다른 배우들에 의해 전혀 다른 감정의 밀도와 해석의 결을 보여 준다. 각 실연자는 동일한 저작물을 바탕으로 연기할지라도 그 억양, 호흡, 몸짓, 침묵의 리듬 등을 통해 자신만의 독자적인 해석을 부여하며, 이는 단순한 전달을 넘어 또 다른 단계의 창작 주체로 역할할 수 있다.

이러한 점에서 저작권법은 실연자를 준(準)창작행위자로 저작권과 유사한 개념의 저작인접권을 인정한다. 실연자의 저작인접권은 말 그대로 '저작권에 이웃하는 권리(neighbouring rights)'로 저작권과 마찬가지의 인격적 권리로서 성명표시권, 동일성유지권을 가지며, 재산적 권리로서 복제권, 배포권, 대여권, 공연권, 방송권, 전송권이 인정되나, 저작권과 달리 2차적 저작물 작성권은 인정되지 않는다.

딥페이크 기술과 실연자의 저작인접권

저작인접권은 '실제 실연의 복제'에만 미치므로, AI 산출물이 특정 실연자의 초상, 음성, 동작, 연기 스타일 등을 정교하게 모사하여 실제 출연한 것처럼 보이는 디지털 모사물로 생성되었다 하더라도, 실제 실연을 직접 복제하지 않은 이상 침해가 성립하지 않는다.

예컨대 AI 커버곡의 경우 특정 가수의 음성적 특징과 음악적 표현 양식을 모사하여 실제 실연과 유사한 결과물이 산출되더라도, 이는 실연자가 직접 행한 실연을 복제한 것이 아니라 인공지능이 창출한 새로운 합성물에 불과하다. 딥페이크 생성 기술로 흔히 사용되는 생성적 적대 신경망(GAN)이나 오토인코더(Autoencoder)는 타깃 인물의 표정, 시선, 움직임 등 동적 표현 정보를 잠재 벡터 형태로 수치화한 후 소스 인물의 얼굴 특징을 모델링한다. 이후 타깃 인물의 동적 표현 데이터와 소스 인물의 시각적 정체성 정보가 결합되어, 소스 인물이 타깃의 표정과 움직임을 재현하는 고도로 사실적인 합성 영상이 생성된다. 그러나 이 영상에서 구현되는 표현은 실연자가 실제로 수행한 연기가 아니므로 저작권법상 '실연'으로서 보호받기 어렵다.

또한 실연자에게는 2차적 저작물 작성권이 인정되지 않으므로, 실연자의 연기, 음성, 표정, 동작 등이 디지털 모사물로 재구성·재현되더라도 이를 직접적으로 통제하거나 보호받기 어렵다.

디지털 모사물의 실연자 대체

인공지능 기술의 급속한 확산은 다양한 직업군의 대체 가능성을 불러일으키고 있으며, 실제로 일부 직종은 알고리즘과 자동화에 의해 대체될 수 있다는 분석이 꾸준히 제기되고 있다. 기술 발전에 따라 인간의 역할이 재편되는 것은 역사적 맥락에서 자연스러운 흐름으로 볼 수 있으나, AI 생성 배우가 실연자를 대체하는 문제는 단순한 직업 대체의 차원을 넘어 인격적·예술적 가치와 권리 보호에 직결되므로 더욱 신중하게 논의될 필요가 있다.

실연자의 공연은 대체 가능한 일반 데이터를 생산하는 것이 아니라, 개성적 표현과 창의성이 집약된 일회적 성과물이다. 디지털 모사물이 일반적인 기술에 의한 직무 대체보다 실연자에게 훨씬 심층적인 침해를 야기하는 이유는, 단순히 외형이나 음성을 모사하는 수준을 넘어 실연자의 인격적·예술적 특성을 정교하게 복제함으로써 실연자로서의 정체성과 표현 능력 자체를 대체할 수 있기 때문이다.

인간의 실연은 실연자의 경험, 감정 및 환경을 바탕으로 상황에 반응하여 목소리, 몸짓, 표정의 변화 등으로 표현되므로, 동일한 대본일지라도 실연자의 해석과 창작성에 의해 달리 표현될 수 있다. 반면에 생성형 AI는 학습 과정에서 통계적 규칙성과 패턴을 중시하며, 기존 데이터를 정제하여 예외와 변칙을 제거하고 분석 가능한 형태로 변환한다. 이 과정에서 데이터의 일관성을 유지하기 위한 표준화 작업이 이루어지며, 일반적인 패턴과 일치하지 않는 예외적 데이터는 오차를 최소화하고 예측의 일관성을 높이기 위해 제거되거나 무시된다. 이러한 표준화 과정은 필연적으로 실연자의 개성과 창의성을 소거하고, AI가 생성하는 표현물은 표준화되고 탈맥락화된 연기의 반복에 머물게 된다.

결과적으로 인공지능의 실연은 인간의 실연과 근본적으로 차별화될 수밖에 없으며, 인공지능이 재구성한 실연의 축적은 창의성 없는 일률적 데이터의 반복을 초래하게 되므로, 궁극적으로 다양성과 예술성을 통해 문화를 풍요롭게 하는 데 한계가 따른다. 이러한 맥락에서 기술이 인간의 직무를 대체하는 현상은 근본적으로 인간과 기술의 관계를 재정의할 필요성을 제기한다.

참고문헌

김원오(2025). "생성형 AI 프롬프트 기반 창작 시대의 IP 규범 재정립". 한국법제연구원.

박성호(2023). 《저작권법》. 박영사.

박유선(2024). "디지털 모사권(Digital Replica Right) 도입을 통한 실연자 보호에 관한 연구". 《산업재산권》, 79, 355~394쪽.

박유선(2025). "인공지능 시대 디지털 모사권에 관한 연구". 《계간 저작권》, 38(2), 141~184쪽.

박충훈(2017.1.3). "죽은 장국영이 영화 속에 재림? … '가상배우' 시대 온다". 아시아경제.

Bouvard, L. et al.(2024). Evidencing the Value of Human Performance: Towards Re-thinking Performers' Rights for an AI World. CREATe Working Paper.

Curren, A.(2023). Digital Replicas: Harm Caused by Actors' Digital Twins and Hope Provided by the Right of Publicity. *Texas Law Review, 102*(1).

Dalton, A.(2023.11.6). Hollywood actors union board approves strike-ending deal as leaders tout money gains and AI rights. AP News. https://apnews.com/article/actors-strike-deal-d5f9769fd8a263170141a60da64cdc98

Kendall, C.(2011). The Publicity Rights of Avatar's Avatars. *UCLA Entertainment Law Review, 18.*

SAG-AFTRA(2023). TV/Theatrical Contracts 2023. https://www.sagaftra.org/sites/default/files/sa_documents/TV-Theatrical_23_Summary_Agreement_Final.pdf

Stuetzle, C. & Bischoff, S.(2025.5.22). From Hollywood to Germany: A Transatlantic Comparison of Collective Agreements on AI in Film and TV Production – Part 2. Kluwer Copyright Blog. https://copyrightblog.kluweriplaw.com/2025/05/22/from-hollywood-to-germany-a-transatlantic-comparison-of-collective-agreements-on-ai-in-film-and-tv-production-part-2/

03
나의 아바타, 아바타의 아바타

아바타는 이용자의 확장된 자아로,
가상공간에서의 정체성과 사회적 상호작용을
매개한다.
이 장에서는 디지털 자아로서 아바타에 독립적
주체로서 전자적 인격을 부여할 수 있을 것인지,
아바타를 대상으로 한 불법행위가 이용자의
권리를 침해하는지에 대해 검토한다.

인공지능과 편향?

나의 아바타

올해 22세인 브라질계 미국인 릴 미켈라(Lil Miquela)는 가수이자 소셜 미디어 인플루언서로 활동하며, BMW, 삼성, 프라다 등 세계적인 브랜드의 광고에 등장해 눈길을 끌고 있다. 가지런한 앞머리와 부드럽게 말아 내린 헤어스타일, 주근깨가 가득한 얼굴은 요즘 세대가 지향하는 개성과 자연스러운 아름다움을 고스란히 담아낸다. 그녀의 인스타그램에는 생일 파티를 즐기는 모습, 아이와 친구들과 함께한 소박하고 따뜻한 순간들, 그리고 백혈병 환아를 위한 조혈모세포 기증을 독려하는 진심 어린 메시지까지 올라와 있다.

릴 미켈라는 실제 인물이 아니라 컴퓨터 그래픽과 인공지능 기술을 기반으로 창조된 '디지털 아바타'로, 가상의 존재임에도 불구하고 많은 이들에게 실존 인물처럼 받아들여진다.

아바타의 유래

"아바타(avatar)"는 본래 사전적으로 "인간의 형상을 한 화신" 또는 "개념이나 철학이 인물의 형태로 구현된 존재"로 정의된다. 이 용어는 고대 산스크리트어 "avatāra"에서 유래했으며, 본래는 신이 지상 세계에 내려올 때 취하는 형상, 곧 '화신'이나 '분신'을 의미했다.

오늘날 우리가 사용하는 "아바타"의 개념은 1986년 출시된 온라인 게임 Habitat의 개발자들에 의해 현대적으로 재정립되었다. 이들은 아바타를 "신적 존재인 플레이어가 온라인 세계에 모습을 드러낸 것"으로 설명하였으며, 이를 통해 아바타는 가상공간 내에서 이용자 자신을 대리하는 존재로서의 새로운 의미를 부여받았다.

이후 제임스 캐머런 감독의 영화 〈아바타〉(2009)의 등장으로, 아바타는 현실 세계의 이용자(플레이어)와 가상 세계 속 아바타가 유기적으로 연결되어, 가상현실 공간에서 이용자를 대리하고 대표하는 존재로 인식되기에 이르렀다.

아바타와 디지털 모사물

아바타는 실존 인물을 기반으로 제작될 수도 있고, 전적으로 허구적인 존재로 창조될 수도 있으며, 재현 방식 또한 고도로 사실적인 형태로 구현될 수도 있고, 시각적으로 변형된 형태로 나타날 수도 있다. 창작자 혹은 이용자는 현실 세계에서 자신의 외모를 재현하여 아바타를 생성함으로써 현실 세계와 사이버 세계에서 연속성 있게 자신의 정체성을 유지하기도 하고, 이상으로 동경해온 인물의 외모를 모사하거나 동물이나 신화 속 존재 등으로 표현하기도 한다.

아바타는 이용자 또는 가상 캐릭터를 대리하거나 표현하는 광범위한 개념인 반면, 디지털 모사물은 특정 인물의 외형, 음성, 동작, 스타일 등 인격적 · 경제적 표지를 고도로 사실적으로 재현한 형태다. 즉, 디지털 모사물은 아바타의 특수한 범주에 속할 수 있지만, 모든 아바타가 디지털 모사물인 것은 아니다.

실존 인물을 기반으로 한 캐릭터화된 아바타가 온라인상에서 상품을 판매하거나 가상 인플루언서로 활동하는 등 상업적으로 이용되는 경우, 해당 아바타가 특정 자연인을 식별 가능하게 하고 그 이용이 해당 인격 표지의 권리자 동의 없이 이루어졌다면, 퍼블리시티권, 초상권, 헌법상 인격권 침해 및 부정경쟁 행위에 해당할 수 있다. 실존 인물을 사실적으로 디지털화한 디지털 모사물 또한 마찬가지다. 다만 디지털 모사권은 아직 국내에서 입법 논의 단계에 있는 개념으로, 실정법상 명문화되지 않은 이상 침해 여부를 직접적으로 판단하기 어렵다.

디지털 자아로서 아바타

실존 인물을 기반으로 한 아바타가 실존 인물과 구별되

는 독립적인 경제적 가치를 형성하고, 가상 세계에서 디지털 인플루언서, 가상 모델, 캐릭터 브랜드로 활용되는 경우, 대중이 더 이상 이를 실존 인물로 인식하지 않게 되면, 실존 인물과의 권리 귀속이 약화된다. 이러한 경우 실존 인물의 권리 주장보다 아바타 제작자가 독립된 영상 저작물, 미술 저작물, 캐릭터 디자인 등에 대한 저작권 보호를 주장할 가능성이 높아진다.

아바타가 단순한 모사물의 범주를 넘어 별도의 권리 객체로 기능하는 경우, 아바타 자체에 법인격을 부여할 수 있는가 하는 논의가 제기된다. 특히 대규모 언어 모델(LLM)과 자연어 처리(NLP) 기반의 고도화된 학습 능력을 갖춘 AI 아바타는 종래의 정적 이미지에서 벗어나, 의사소통, 복잡한 상호작용, 의사 결정 능력을 보유한 자율적 존재로 진화하고 있다. 이에 따라 고도로 지능적인 아바타에 새로운 법적 지위를 부여해야 하는가가 중요한 쟁점으로 대두되고 있다.

고도로 발전된 AI 시스템에 권리 능력과 의무를 부여하려는 논의는 2017년 유럽의회 로봇 공학 시민법 규정(CLRR) 결의안에서 "전자적 인격(electronic personhood)" 개념으로 구체화되었다. 이는 법인격과 유사한 개념으로, 자율적 로봇이 발생시키는 손해나 법률관계에 대해 일정한 권리와 의무의 주체로 인정하려는 시도였다.

그러나 기계에 인격을 부여하는 것은 인간 존엄성을 훼손할 수 있다는 윤리적 비판과 함께, 실제 책임 소재가 인간에게 있음에도 제조사나 운영자의 책임 회피 수단으로 악용될 수 있다는 우려가 제기되었다. 이로 인해 전자적 인격에 대한 논의는 학계와 언론에서 큰 반향을 불러일으켰으나 EU 차원에서 실제 입법으로 이어지지는 않았다. 나아가 2024년 채택된 EU 인공지능법(EU AI Act)은 AI에 법인격이나 권리 능력을 부여하지 않고, 책임 문제를 제조자 · 공급자 · 운영자 · 사용자 등 인간 주체에게 귀속시키는 방식을 취하고 있다.

릴 미켈라나 로지(ROZY)와 같은 가상 인플루언서는 실존 인물을 기반으로 하지 않고 순수하게 창작된 디지털 캐릭터이므로, 퍼블리시티권이나 초상권과 같은 실존 인물의 인격적 권리문제가 발생하지 않으며, 해당 캐릭터 자체가 저작권 및 상표권의 객체가 된다.

이러한 아바타의 외형, 영상, 서사 등은 창작물로서 저작권법상 보호를 받을 수 있으며, 해당 권리는 원칙적으로 이를 창작한 자 또는 업무상 저작물로서 제작사에게 귀속된다. 또한 아바타의 이름, 로고, 이미지 등이 상업적 표지로 사용될 경우 상표로 등록하여 독점적 권리를 확보할 수 있다.

한편 아바타는 법적으로 권리 능력을 가지는 독립된 주체가 아니므로, 광고 출연이나 브랜드 협업 등 상업 활동은 제작사와 기업 간의 계약을 통해 이루어지며, 이로 인해 발생한 경제적 이익은 제작사 또는 계약 당사자에게 귀속된다.

아바타에 대한 불법행위

메타버스에서 아바타는 이용자의 확장된 자아 또는 페르소나로 기능하며, 가상공간에서의 정체성과 사회적 상호작용을 매개한다. 이용자들은 아바타와 심리적 · 감정적 일체감을 경험하며, 이를 단순한 디지털 도구를 넘어 자신의 인격적 연장으로 인식하기도 한다.

따라서 메타버스 내에서 아바타를 대상으로 폭행, 성추행, 명예훼손 등이 발생한 경우, 이용자가 느끼는 수치심이나 불쾌감은 현실의 피해와 유사한 수준으로 보고된다. 특히 일부 연구에서는 이용자들이 아바타를 통해 평균 7분마다 학대 행위에 노출되며, 여성 혐오적 발언이나 성적 학대를 직접 경험하거나 목격하는 일이 빈번하게 발생한다고 지적한다.

이러한 상황에서 아바타를 대상으로 한 성희롱이나 모욕은 비록 현실에서의 신체적 접촉이 수반되지 않더라도 이용자에게 심리적 · 정신적 피해를 야기할 수 있으며, 법적으로 불법행위 책임의 대상이 될 수 있다.

실제 판례도 이러한 법리를 뒷받침한다. 버추얼 아이돌 플레이브(PLAVE) 모욕죄 사건에서 피고는 SNS 플랫폼 'X'에 플레이브와 실제 멤버들을 향한 욕설 영상을 게시했으며, 아바타는 가상 캐릭터일 뿐 실제 인물과 동일성이 없다고 항변하였다. 그러나 법원은 모욕죄 성립에 필요한 특정성은 반드시 성명이나 단체명 명시를 요하지 않고, 표현 내용과 주변 사정을 종합해 피해자를 인식할 수 있으면 충분하다고 보았다.

플레이브 캐릭터와 실제 멤버들의 동일성이 불특정 다수에게 알려져 있었고, 피고 또한 이를 인식한 상태에서 게시물을 작성했으므로 특정성이 인정된다고 판시하였다. 나아가 법원은 아바타가 단순한 이미지가 아니라 사용자의 자기표현과 정체성, 사회적 소통 수단이라는 점을 강조하며, 가상공간에서 아바타에 대한 모욕은 실제 사용자에 대한 모욕으로 평가될 수 있다고 보았다.

일본 법원 또한 VTuber 명예훼손 사건에서 표면적으로는 아바타를 향한 모욕이라 하더라도 이는 아바타로 활동하는 실제 인물을 겨냥한 것으로 보아, 운영자가 명예훼손의 피해자임을 인정한 바 있다.

이처럼 아바타를 단순한 디지털 객체가 아니라 사용자의 인격적 표현 수단으로 인정하는 판례 경향은, 메타버스 시대 가상공간에서도 인격권 보호가 확장되어야 함을 시사한다. 특히 아바타를 대상으로 한 성희롱 · 성적 모욕과 같은 행위는 현행 형법이 물리적 공간을 전제로 한 성범죄 규율에 머물러 있어 처벌과 규율에 한계가 있으므로, 이를 명확히 대응할 수 있는 법률적 보완과 제도적 정비가 요구된다.

참고문헌

강한(2022.6.13). "가상공간서 벌어지는 성범죄 처벌 방안 찾아야". 법률신문. https://www.lawtimes.co.kr/news/179393

박수연(2025.6.14). "[단독][판결] '아이돌 아바타' 조롱 SNS에 게시 캐릭터 연기 '본체' 모욕과 같다". 법률신문. https://www.lawtimes.co.kr/news/208792

박유선(2025). "인공지능 시대 디지털 모사권에 관한 연구". 《계간 저작권》, 38(2), 141~184쪽.

Bates, L.(2025.6.10). Misogyny in the Metaverse: Is Mark Zuckerberg's Dream World a No-Go Area for Women? The Guardian. https://www.theguardian.com/society/2025/jun/10/the-misogyny-of-the-metaverse-is-mark-zuckerbergs-dream-

world-a-no-go-area-for-women
Davidson, D.(2022.9.1). Japanese Court Sides with VTuber in Defamation Case. Otaku USA Magazine. https://otakuusamagazine.com/japanese-court-sides-with-vtuber-in-defamation-case/
Khan, O. A.(2010). Me, Myself, and My Avatar: The Right to the Likeness of Our Digital Selves. *I/S: Journal of Law and Policy for the Information Society*.
Martin, N. T.(2012). Diversity and the Virtual Workplace: Performance Identity and Shifting Boundaries of Workplace Engagement. *Lewis & Clark Law Review*.
Merriam-Webster Dictionary. Avatar. https://www.merriam-webster.com/dictionary/avatar
Shinohara, R.(2022). Avatars and Derivative Works: Harmonizing the Interests of Creators and Consumers. *Hastings Law Journal, 73*(3). https://repository.uchastings.edu/hastings_law_journal/vol73/iss3/8
Trotter, A.(2024.1.31). Policing the Metaverse: The Reality of Virtual Sexual Offences. Kingsley Napley Blog. https://www.kingsleynapley.co.uk/insights/blogs/criminal-law-blog/policing-the-metaverse-the-reality-of-virtual-sexual-offences

04

AI 산출물의 저작권 보호

AI 산출물이 저작권법의 보호를 받기 위해서는 어느 정도의 인간 개입이 필요한가? 단순한 프롬프트 입력만으로 충분한가, 아니면 수백 개의 키워드 조합이나 반복적인 수정 · 편집이 필요한가? 이 장에서는 이용자의 개입 유형과 정도에 따라 AI 산출물의 저작물성이 어떻게 달라지는지 검토한다.

청각장애인과 AI?

누구의 작품일까?

생성형 AI의 활용이 보편화되면서 인간이 입력한 프롬프트만으로 문서, 이미지, 영상, 음악, 코드 등 다양한 AI 산출물이 생성된다. 이렇게 생성된 산출물에 대해 인간 이용자는 권리를 주장할 수 있는가?

침팬지가 찍은 셀피나 코끼리가 그린 그림과 마찬가지로, 인간의 개입 없이 생성된 AI 산출물은 저작권법상 인간의 사상 또는 감정을 표현한 창작물이 아니므로 저작물로 인정되지 않는다.

여기서 말하는 '인간의 개입'이란 단순히 AI에게 명령을 내리는 것을 넘어서, 창작의 본질적 요소에 실질적으로 관여하여 결과물에 창작자의 개성과 의도가 반영되도록 하는 행위를 의미한다.

이용자가 원하는 결과를 얻기 위해 프롬프트를 반복적으로 조정하고 생성된 결과물을 수정하는 등 지속적으로 개입하는 경우, 어느 정도의 개입이 있어야 저작권법상 '인간의 사상 또는 감정을 표현한 창작물'로 인정될 수 있는지, 그리고 AI 산출물에 대한 권리가 이용자에게 귀속될 수 있는지가 생성형 AI 등장과 함께 핵심 쟁점이 되고 있다.

프롬프트, 인간과 AI 창작의 접점

프롬프트 입력 창은 이용자인 인간과 AI 시스템을 연결하는 창작의 매개이자, 인간의 창작적 개입이 이루어지는 핵심 접점이다. 따라서 프롬프트를 통해 이용자가 AI 산출물의 생성 과정에 어느 정도, 어떤 방식으로 개입하였는지는 해당 산출물에 인간의 창작적 기여가 존재하는지를 판단하는 기준이 된다.

결국 AI 산출물이 저작권법상 보호받는 저작물로 인정되기 위해서는, 프롬프트를 통한 인간의 개입이 그 결과물에 사상 또는 감정이 표현된 창작물로 평가될 수 있을 정도에 이르러야 한다.

AI를 인간 표현의 보조 수단으로 활용한 경우, 예컨대 문장 수정을 요청하거나 아이디어를 발전시키기 위한 참고자료로 AI 산출물을 이용하되 이를 최종 결과물에 직접 포함하지 않고 독립적인 저작물로 발전시켰다면, AI를 사용했더라도 그 결과물은 인간의 창작성이 표현된 저작물로서 저작권 보호를 받는다.

반면, 이용자가 입력한 단순한 텍스트 프롬프트에 따라 AI가 자율적으로 산출물을 생성하였다면, 프롬프트는 단순한 '명령어 또는 지시 사항'에 불과하며, AI가 자율적으로 생성한 결과물은 인간에 의한 '표현적 요소에 대한 통제(control over expressive elements)'가 충분히 존재하지 않으므로 저작물성이 인정되지 않는다.

예컨대, 이용자가 다음과 같은 프롬프트를 입력하였다고 가정하자.

> 전문 사진, 안경을 쓴 고양이가 로브를 입고 일요일 신문을 읽으며 파이프를 피우는 모습, 안개가 자욱하고 젖은 폭풍우 날씨, 70mm 영화 필름 스타일, 시네마틱하고 매우 정교한 목재 배경, 영화 조명, 복잡하고 선명한 초점, 미디엄 숏, 중앙 구도, 전문가 수준의 색 보정, 밝고 부드럽게 확산된 조명, 입체적인 안개 효과, HDR 4K 및 8K 해상도의 사실적인 묘사.

이 프롬프트는 산출물의 주제, 장면의 배경, 이미지의 스타일, 주요 피사체의 배치 등을 비교적 구체적으로 지시하고 있다. 그러나 AI가 생성한 고양이 이미지가 프롬프트의 내용을 일정 부분 반영했더라도, 고양이의 품종, 털 색깔, 크기, 자세, 얼굴 특징이나 표정, 의복 등 다수의 세부 요소가 AI의 자율적 결정에 의해 생성되었다면 해당 AI 산출물은 인간의 사상 또는 감정이 표현된 창작물로 보기 어렵다. 예컨대, 고양이가 아닌 인간의 손이 신문을 들고 있는 모습이 생성되는 경우가 이에 해당한다.

정교하게 설계된 프롬프트를 입력하여 생성된 결과물 중 하나를 선택하고, 이를 프롬프트와 포토샵 등을 이용하여 반복적으로 수정 · 추가하여 최종 산출물을 생성하였다면, AI가 생성한 요소들의 선택(selection), 조정(curation), 배열(arrangement) 행위 및 추가 작업에 창작성이 인정되는 부분에 한해 저작권 보호가 가능하다.

그러나 인간의 창작적 기여가 인정되기 위해서는 단순한 개입 여부를 넘어서, 어느 정도의 개입이 있었는지, 그 개입이 인간의 표현으로 구체화되었는지, 그리고 그 표현에 창작성이 인정되는지를 종합적으로 판단해야 한다. 핵심은 이용자가 AI 산출물에 대해 '통제 가능성'과 '예측 가능성'을 확보하였는가, 즉 AI 결과물의 생성 과정과 내용을 창작자로서 실질적으로 주도했는지 여부다.

여기서 '통제 가능성'이란 창작자가 표현하고자 하는 내용을 스스로 결정하고, 그 결정에 따라 표현의 방식과 과정을 주도할 수 있는 능력을 의미하며, '예측 가능성'이란 그 의도한 표현이 산출물에 실현될 수 있음을 의미한다.

미국과 중국의 상이한 입장

인간의 개입 정도와 창작성 요건의 충족 기준에 대해 미국과 중국은 서로 다른 입장을 취한다.

미국의 제이슨 마이클 앨런은 미드저니(Midjourney)에 624개 이상의 프롬프트와 수정 지시를 입력해 이미지를 생성하고, 포토샵 편집과 기가픽셀(Gigapixel) AI 업스케일링을 거쳐 〈우주 오페라 극장(Théâtre d'Opéra Spatial)〉을 완성하였다.

이 작품은 2022년 콜로라도 주립 박람회 디지털 아트 부문에서 우승하며 주목받았으나, 미국 저작권청은 해당 이미지가 대부분 AI에 의해 생성되었고 인간의 창작 개입이 제한적이라는 이유로 저작권 등록을 거부하였다. 이 사례는 프롬프트 입력과 후속 편집 작업만으로는 저작권 보호 요건인 '인간의 창작성'을 충족하기 어렵다는 미국의 엄격한 입장을 보여준다.

중국 Li 사건에서 이용자는 스테이블 디퓨전(Stable Diffusion)에 150개 이상의 프롬프트 키워드를 선택하고 그 순서를 배열하며 세부 파라미터를 조정해 인물 묘사, 스타일, 구도 등 표현 요소를 설계하였다. 이후 반복적인 프롬프트 수정과 피드백을 통해 의도한 결과를 유도하였고, 최종적으로 완성된 이미지를 저작권 등록하였다.

2023년 베이징 인터넷 법원은 AI가 자동으로 생성한 이미지의 선과 색 자체는 기계적 결과물일 수 있으나, 전체 생성 과정에 인간이 의도적 설계, 선택, 미적 판단을 적극적으로 개입시켰다면 이는 저작권법상 보호되는 '인간의 창작행위'로 볼 수 있다고 판단하였다. 이에 따라 법원은 해당 작품에 저작권 보호를 인정하였다.

본 판결은 중국 법원이 이용자의 의도적 설계와 선택이 개입된 AI 산출물을 '기계적 지적 성과'와 구별하고 있음을 보여 준다. 기계적 지적 성과란 동일한 순서나 구조를 따라 누구나 동일한 결과를 얻을 수 있는 것을 의미하는데, 법원은 원고가 독립적으로 완성한 결과물에 개성적 표현이 드러난다면 저작권법상 '독창성' 요건을 충족한다고 판단하였다. 이는 AI 산출물에 대한 인간의 창작 기여를 비교적 유연하게 인정하는 중국의 입장을 보여 준다.

인간의 표현적 입력

이용자가 단순히 텍스트 프롬프트를 입력하는 것을 넘어 자신의 창작물을 업로드하는 경우, 최종적인 AI 산출물은 이용자의 저작물로 인정될 수 있을까? 프롬프트와 인간의 표현적 입력(expressive input)이 결합되어 그 창작적 표현이 AI 산출물에 실질적으로 반영된 경우, 부분적으로 저작물로 보호받을 수 있다.

예컨대, AI 이용자가 특정 프롬프트를 입력함과 동시에 자신이 손으로 직접 그린 그림을 업로드하였고, AI가 해당 손그림의 윤곽과 구조를 반영하여 최종 이미지를 생성한 경우를 상정해볼 수 있다. 이 경우 저작권의 보호 범위는 인간 저작자가 창작한 부분에 한정되며, AI 시스템이 독자적으로 생성하거나 수정한 부분에 대해서는 저작권이 발생하지 않는다.

구체적으로, 이용자가 손으로 그린 그림에 포함된 윤곽선, 사물의 형상 및 배치와 같은 요소는 인간 저작물로서 보호될 수 있는 반면, 세부 묘사, 질감, 채색 등 AI가 자율적으로 생성한 표현은 저작권 보호 대상에서 제외된다.

편집 저작물로서의 보호

프롬프트에 의해 생성된 AI 산출물이라 하더라도, 인간이 그 결과물을 창의적으로 선택·배열하거나 수정하여 인간의 창작성이 실질적으로 반영된 경우에는 전체 결과물이 편집 저작물로 보호받을 수 있다.

미드저니(Midjourney)를 활용하여 코믹북 〈Zarya of the Dawn〉의 이미지를 생성한 사건에서, 미국 저작권청은 작가가 작성한 대사 · 내레이션 · 설명문 등 텍스트는 인간의 창작적 표현으로서 저작물성을 인정하였으나 미드저니가 생성한 이미지 자체는 보호 대상에서 제외하였다. 다만, 이러한 AI 생성 이미지와 텍스트를 작가가 창의적으로 선택 · 배열 · 조합하여 장면 전환, 시각적 흐름, 스토리텔링 구조를 형성한 경우, 그 편집 · 구성은 독창성을 갖춘 편집 저작물(compilation work)로서 보호될 수 있다고 판단하였다.

이용자가 AI 산출물의 특정 영역을 반복적으로 선택 · 편집 · 조정할 수 있도록 설계된 도구를 활용하는 경우, 단순한 프롬프트 입력과 달리 창작 요소의 개별적 선택과 배치에 대한 통제 가능성이 확대된다.

예컨대, 프롬프트 입력과 인페인팅(inpainting) 기술을 결합하여 생성한 〈한 조각의 아메리칸 치즈(A Single Piece of American Cheese)〉 작품에서 이용자는 캔버스에서 이미지 작업 영역을 확장하고, 색상 디테일을 브러시로 보완하며, 머리 위 치즈와 같은 새로운 이미지 요소를 추가하였다. 이 과정에서 약 10분 동안 35회 이상의 인페인팅 작업이 반복되었고, 세 번째 눈, 녹아내리는 치즈, 상반신, 내부 장기 등 새로운 개념들이 기존 이미지에 정교하게 반영되었다.

이처럼 이미지 내 특정 위치를 조정하거나 추가적인 시각적 요소를 입력하는 방식, 또는 인간이 창작한 밑그림을 제공하는 방식 등을 통해 통제 가능성과 예측 가능성을 확보하고 창작성 요건이 충족된다면, 저작권법상 저작물로 보호될 수 있다.

프롬프트 엔지니어링, 저작물인가?

프롬프트 엔지니어링이란 초거대 AI 모델로부터 높은 품질의 응답을 도출하기 위해 최적의 프롬프트를 설계하고 구조화하는 기술을 말한다. 인터넷과 SNS를 통해 공유되는 특정 이미지 생성을 위한 프롬프트와 같이, 특정 목적의 결과물 생성을 위해 작성된 프롬프트가 저작물로 보호받을 수 있을까?

프롬프트 자체의 저작물성 여부는 일반 저작물과 마찬가지로 그 표현에 창작성이 존재하는지를 기준으로 판단된다. 따라서 프롬프트가 단순한 지시어나 기능적 명령의 나열에 불과하다면 저작물성이 부정되지만, 구체적이고 독창적인 표현을 통해 사상 또는 감정을 창의적으로 구현한 경우 저작권법상 보호 대상이 될 수 있다.

프롬프트에 창작성이 인정되어 저작물로 보호되는 경우, 이를 통해 생성된 AI 산출물 또한 저작물로 보호될 수 있는지에 대해서는 견해가 나뉜다. 긍정설은 사진 저작물의 경우 무작위로 촬영된 사진은 저작물성이 부정되지만, 구도 · 조명 · 배열 등에서 창작자의 창의적 선택이 반영된 경우 저작물성이 인정되는 것과 마찬가지로, 생성형 AI를 카메라와 동일한 도구로 본다면 창작성 있는 프롬프트를 입력하여 생성된 결과물 역시 저작물로 평가될 수 있다고 본다.

그러나 AI 산출물 생성 과정은 사진 저작물의 제작과 달리 프롬프트가 산출물의 표현적 요소로 직접 변환되는 방식이 불명확하고, 알고리즘 · 학습 데이터 · 기타 요소가 복합적으로 작용하여 결과물이 생성된다. 따라서 프롬프트의 저작물성과 최종 산출물의 저작물성 또는 저작권 귀속 문제는 별개로 볼 필요가 있다. AI 산출물의 저작물성 판단은 인간의 창작적 기여도와 표현적 요소에 대한 통제 여부를 기준으로, 구체적 사실 관계를 토대로 개별적으로 판단되어야 한다.

참고문헌

김경숙(2023). "인공지능(AI) 생성물과 저작권 문제". 《IT와 法연구》, 27, 33~72쪽.

김병일(2024). "편집저작물의 창작성 및 실질적 유사성 판단기준". 《정보법학》, 28(1), 45~76쪽.

김원오(2025a). “생성형 AI 프롬프트 기반 창작 시대의 IP 규범 재정립”. 한국법제연구원.

김원오(2025b). 《AI 프롬프팅과 지식재산》. 커뮤니케이션북스.

김인숙(2024). “중국과 미국 법원의 인공지능 생성 이미지의 저작물성 판단에 관한 고찰”. 《계간 저작권》, 37(3), 5~37쪽.

류시원(2025). “[미국] 생성형 AI를 활용한 이미지의 저작권 등록 사례”. 《저작권 동향》, 2. 한국저작권위원회.

문화체육관광부·한국저작권위원회(2025). “생성형 인공지능 활용 저작물의 저작권 등록 안내서”. 저작권관계자료 2025-02.

이해완(2024). “인공지능 생성물에 대한 저작권 보호의 조건으로서의 ‘인간의 창작적 기여’”. 《산업재산권》, 79, 183~232쪽.

전응준(2025). “AI 산출물에 의한 저작권 침해에 관한 연구”. 《정보법학》, 29(1), 50~86쪽.

U.S. Copyright Office(2025). Copyright and Artificial Intelligence, Part 2: Copyrightability. A Report of the Register of Copyrights.

05

스타일 모방의 보호 경계

2025년, "지브리 스타일로 변환"이라는 프롬프트만으로 수십 년간 축적된 독창적 작화 스타일이 몇 초 만에 재현되었다. 일반적으로 스타일은 저작권법상 아이디어 영역에 속하여 보호받지 못하지만, 실제 작품에서 아이디어와 표현은 연속선상에 있어 명확한 경계 설정이 어렵다. 특정 작가의 고유한 창작 스타일이 AI에 의해 순식간에 모방되는 시대, 저작권법의 보호 가능성과 그 한계에 대해 검토한다.

AI 콘텐츠 크리에이터?

지브리 스타일

2025년, SNS 이용자들의 프로필 사진을 애니메이션 스타일로 전환하는 현상이 유행처럼 번졌다. "지브리 스타일로 변환"이라는 간단한 프롬프트만으로 생성형 AI가 일반 사진을 애니메이션 이미지로 바꾸었다.

지브리 스튜디오는 4초 분량의 군중 장면을 완성하기 위해 1년 3개월의 작업을 거친다고 한다. 지브리 스타일은 수십 년간 축적된 작화 기법과 미학이 집약된 결과물인 것이다. 그러나 생성형 AI는 이러한 스타일적 특징을 학습 데이터로부터 추출하여 몇 초 만에 유사한 시각적 결과물을 생성해 낸다. 같은 시기, 미야자키 하야오 감독은 한 인터뷰에서 "지브리의 미래는 무너질 것"이라는 우려를 표명했다.

특정 작가의 고유한 창작 스타일이 AI에 의해 순식간에 모방·재현되는 시대. 저작권법은 이에 대한 보호 장치가 될 수 있을까?

스타일과 표현의 이분법

하나의 작품은 작품의 핵심적 구성 요소가 되는 아이디어와 이를 구체적인 형식으로 구현한 표현으로 구분될 수 있다. 이처럼 아이디어와 표현을 구별하는 '아이디어-

표현의 이분법(Idea-Expression Dichotomy)'은 저작권법상 확립된 원칙으로, 저작권법은 저작물의 창작적 '표현'만을 보호하며 표현 속에 내재된 '아이디어'는 보호되지 않는다.

저작권의 보호 대상은 학문과 예술에 관하여 사람의 정신적 노력에 의하여 얻어진 사상 또는 감정을 말, 문자, 음, 색 등에 의하여 구체적으로 외부에 표현한 창작적인 표현 형식이고, 아이디어나 이론 등의 사상 및 감정 그 자체는 설사 그것이 독창성이나 신규성이 있다고 하더라도 원칙적으로 저작권법에 의해 보호되지 않는다.

저작권법의 목적은 창작에 인센티브를 제공함으로써 새로운 창작 활동을 장려하기 위함으로 지나치게 넓은 보호는 실제로 혁신을 저해하고 창작 활동을 위축시킬 수 있기 때문이다. 따라서 회화에서의 화풍이나 소설에서의 테마 · 기법은 아이디어로서 저작권법상 보호의 대상이 될 수 없으며, 이를 구체적으로 표현한 표현만이 저작권법의 보호 대상이 된다.

스타일은 아이디어인가 표현인가?

일반적으로 스타일은 저작권법상 아이디어와 표현의 이분법상 아이디어의 영역에 속한다고 여겨지므로 저작권법에 의해 보호되지 않는다. 따라서 특정 작가의 작품 스타일 모방을 지시하는 프롬프트에 반응하여 스타일이 유사한 AI 산출물이 생성되었다 하더라도 이용자에게 저작권 침해 책임을 물을 수 없다.

그러나 특정 작풍을 모방하여 생성된 AI 산출물이 대량 생성되어 원저작물과 동일한 시장에서 유통될 경우 원저작물의 시장과 경제적 가치에 부정적 영향을 미칠 수 있다. 예를 들어, 저작권 침해가 아니라는 기대하에 전 세계적으로 지브리 스타일의 이미지가 AI로 대량 생성되어 유통된다면, 지브리 스튜디오의 고유한 예술적 가치와 시장에서의 독점적 지위가 훼손될 수 있다.

특히 특정 작풍을 모방하여 생성된 AI 산출물이 원저작물 특유의 세분화된 시장에서 직접적인 대체재로 기능하는 경우, 저작자는 정당한 보상 없이 자신의 저작물이 무단으로 이용당할 뿐만 아니라 고유 시장에서 AI 산출물과 직접 경쟁하게 된다. 이는 고용주가 직원으로 하여금 자신의 후임자를 훈련시킨 후 즉시 해고하는 부당한 고용 관행에 비유할 수 있다.

아이디어와 표현의 구분

실제 작품에서 아이디어와 표현은 이론적으로는 구별

가능하나 현실적으로는 불가분의 관계로 얽혀 있어 양자 간 명확한 경계 설정이 어려운 경우가 발생한다.

미국 저작권 판례는 이 문제에 대응하기 위해 '추상화 테스트(abstractions test)'를 도입했다. 이는 작품의 구성 요소를 점진적으로 추상화하여 보호 대상인 구체적 표현과 보호되지 않는 일반적 아이디어를 단계적으로 구분하려는 시도다. 여러 판례에서 기준으로 적용되었으나, 아이디어와 표현 사이의 경계를 객관적이고 일률적으로 확정할 수 없다는 구조적 한계가 존재한다.

아이디어와 표현을 구분하는 또 다른 접근방식으로, 아이디어는 '무엇(What)을 말하는가'에 대한 것이고, 표현은 '어떻게(How) 말하고 있는가'에 대한 것으로 구분하려는 접근이 있다. 즉, 아이디어는 작품의 '내용(content)'에 관한 것이고, 표현은 아이디어를 구현하는 '형식(form)'에 관한 것으로, 동일한 내용이 다양한 형식으로 구현될 수 있으며, 저작권은 그 형식상의 창작적 선택과 조합을 보호한다.

예컨대 1984년 촬영된 농구 선수의 덩크슛 사진을 참고하여 스포츠 브랜드가 유사한 포즈와 구도의 사진 및 로고를 제작한 사건에서, 법원은 '덩크슛 장면'이라는 아이디어 자체는 보호되지 않지만 원작의 포즈, 배경, 카메라 앵글, 조명, 구도 등 창작적 요소는 보호 대상이 된다고 보았다. 다만 후속 결과물이 이러한 구체적 표현을 실질적으로 복제하지 않았다고 판단하여 침해를 인정하지 않았다.

이는 회화 작품에도 동일하게 적용된다. 예컨대 두 화가가 '나무로 뒤덮인 풍경'을 그린다고 할 때, 한 화가는 직선적이고 정돈된 선, 선명한 원색, 강한 대비를 활용할 수 있고, 다른 화가는 흐릿하고 불안정한 선, 차분한 색조, 탁한 분위기를 선택할 수 있다. 묘사의 대상은 동일하게 '나무'이지만, 이를 구현하는 형식은 서로 상이하다. 결국 두 작품은 같은 기본 아이디어를 바탕으로 하되 표현 방식에서 차별화되므로 각각 독립된 저작물로 평가된다.

아이디어와 표현의 결합

일반적으로 작품의 스타일은 아이디어와 표현의 이분법상 아이디어 영역에 속한다고 이해되므로 저작권법의 보호 대상이 되지 않는다. 그러나 실제 작품에서 아이디어와 표현은 연속선상에 있으며, 아이디어와 표현을 구분하여 보호하기 위해서는 그 연속선 어딘가에 인위적으로 경계선을 긋는 것이 필요하다.

특히 작품에서 아이디어와 표현이 밀접하게 결합되어 있는 경우, 스타일을 일률적으로 아이디어 영역으로만 분류할 수 없으며, 개별 사안에 따라 세밀한 판단이 필요한 경우가 발생한다.

슈타인버그 대 컬럼비아 픽처스(Steinberg v. Columbia Pictures, S.D.N.Y. 1987) 사건에서, 원고는 뉴욕시를 과장되게 묘사하고 그 뒤편에 세계를 축소 원근법으로 표현한 작품을 창작하였다. 피고는 영화 포스터 제작 시 원고의 작품을 모델로 삼아 유사한 구도의 이미지로 제작하였다.

법원은 작품에서 저작권법으로 보호받지 못하는 아이디어는 '자기중심적이며 근시안적인 시각으로 바라본 세계 지도'였다. 반면에 이 아이디어를 '하늘을 표현한 좁은 푸른 띠, 수평선을 나타내는 붉은 밴드, 그리고 아이처럼 거칠고 뾰족한 블록체 글씨체와 같은 독창적인 스타일'로 구현한 표현 방식은 저작권 보호의 대상이 되는 표현에 해당한다고 판단하였다.

법원은 기발하고 스케치풍의 화풍, 그리고 뾰족한 글씨체를 슈타인버그의 스타일로 인정하였고, 스타일을 '표현'의 한 구성 요소(style is one ingredient of expression)로서, 한눈에 보기에도 두 작품 사이에는 스타일의 유사성이 두드러진다고 판단하였다. 나아가 법원은 단순한 스타일의 유사성을 넘어, 원고가 창작한 '뉴욕풍' 건축물, 그림자와 가로등의 위치 · 크기, 왜곡이나 오류 등 구체적이고 창의적인 표현 요소들이 피고 작품에 정밀하게 모사되었다는 점을 근거로 실질적 유사성을 인정하여 복제권 침해를 인정하였다.

본 판결은 스타일 모방이 단순한 아이디어나 장르적 관습을 넘어 개별 작품의 표현 요소와 밀접하게 결합(intertwined)되어 있을 경우 아이디어의 모방을 넘어 표현의 실질적 유사성을 구성함으로써 저작권 침해로 이어질 수 있음을 보여 준다.

또 다른 예로, 닥터 수스 엔터프라이즈 대 코믹믹스(Dr. Seuss Enterprises v. ComicMix) 사건에서 피고는 Dr. Seuss의 《Oh, the Places You'll Go!》를 패러디한 스타트렉 mash-up 도서 《Oh, the Places You'll Boldly Go!》를 발간하였다. 원심은 복제된 부분을 Dr. Seuss 작품의 삽화 스타일에 불과한 추상적 요소로 보아 저작권 침해를 부정하였으나, 항소심은 이를 구체적인 표현의 복제로 해석하여 저작권 침해를 인정하였다. 본 판결에서 주목할 점은 법원이 단일 작품 《Oh, the Places You'll Go!》에만 국한하지 않고, Dr. Seuss의 다수 작품 전반에 걸쳐 일관되게 드러나는 고유한 표현 방식을 종합적으로 고려하였다는 것이다.

법원은 이러한 표현 방식이 단순한 추상적 아이디어가 아니라, 구체적이고 일관된 표현 요소들의 결합으로 형성되었으며, 일반 대중에게도 인식 가능할 정도로 독창적이라고 판단하였다. 이는 특정 작가의 '스타일'이라 할지라도 그것이 충분히 구체화되고 독창적인 경우 저작권 보호의 대상이 될 수 있음을 보여 준다. 이러한 법리는 AI 학습 맥락에도 시사점을 제공한다.

만약 특정 작가의 소수 작품만을 선별하여 AI에 학습시킨 경우, 그 결과물은 단순한 일반적 스타일 모방을 넘어 해당 작품군의 구체적 표현상 특징을 강하게 재현할 가능성이 있다. 결국 아이디어와 창작적 표현의 구별은 추상적 · 일률적 기준으로 행해질 수 없으며, 표현의 구체성, 독창성, 인식 가능성 등을 종합적으로 고려하여 개별 사안마다 판단되어야 한다.

스타일의 부정경쟁 행위로서의 규제

스타일 모방이 저작권법상 직접적인 보호를 받기 어렵다 하더라도, 특정 작가의 독창적 창작 스타일이 생성형 AI에 의해 모방되는 경우 부정경쟁 행위로서 규제될 수 있다.

2022년 개정으로 신설된 부정경쟁방지 및 영업비밀보호에 관한 법률 제2조 제1호 타목은 유명인의 인적 식별 표지(성명 · 초상 · 음성 · 서명 등)를 공정한 상거래 관행 또는 경쟁 질서에 반하여 영업상 무단 사용하여 타인의 경제적 이익을 침해하는 행위를 부정경쟁 행위로 규정하였다.

스타일 모방이 타목의 부정경쟁 행위로 평가되기 위해서는, 해당 스타일이 단순한 표현 양식이나 창작 기법을 넘어 특정 개인을 식별할 수 있는 인격 표지로 기능해야 한다. 일반적으로 화풍이나 스타일은 특정 개인의 동일성을 직접 식별하게 하는 인격 표지라기보다 창작물의 표현 양식이나 창작적 기법으로 이해된다. 그러나 미국 판례법상 퍼블리시티권의 해석을 참고하면, 인격 표지의 범위는 확장적으로 이해되어, 직접적 식별 요소뿐만 아니라 일반 소비자가 특정인을 연상하거나 동일시할 수 있는 다양한 요소―예를 들어 예명, 별칭, 캐릭터명, 외관적 특징을 닮은 이미지, 일러스트, 로봇, 특유의 음성이나 억양을 모사한 표현 등―도 인격 표지에 포섭될 수 있다.

타목은 인격 표지를 성명, 초상, 음성, 서명 '등'으로 규정함으로써 표지 개념의 확장 가능성을 열어두고 있다. 따라서 특정 스타일이 타목상 인격 표지에 해당하기 위해서는, 그 스타일이 국내 일반 수요자에게 특정 자연인 또는 인격체를 직·간접적으로 식별 또는 연상시킬 수 있을 정도로 객관적으로 주지되어 있어야 한다. 이러한 요건이 충족되는 경우, 스타일은 타목 상 '등'에 해당하는 확장적 인격 표지로 평가될 수 있으며, 그 모방 행위는 부정경쟁 행위로 인정될 수 있다.

한편, 부정경쟁방지법 제2조 제1호 파목은 타인의 상당한 투자 또는 노력으로 만들어진 성과 등을 공정한 상거래 관행이나 경쟁 질서에 반하는 방법으로 자신의 영업을 위하여 무단 사용함으로써 타인의 경제적 이익을 침해하는 행위를 부정경쟁 행위로 규정하고 있다. 특정 작가의 스타일은 작가가 상당한 시간 창작을 하면서 형성된 독특한 특색으로, 그 자체로 식별력과 경제적 가치, 시장상의 실질적 경쟁력을 가지는 창작 성과로 평가된다면 파목이 보호하는 '성과 등'에 해당할 수 있다. 다만, 단순한 유사성이나 추상적 양식의 차용만으로는 '성과'의 무단 이용에 해당한다고 보기 어렵고, 실질적인 성과의 흡수 또는 전용이 있었는지를 개별 사안의 구체적 사실 관계에 따라 엄격하게 판단하여야 할 것이다.

참고문헌

김원오(2025). “생성형 AI 프롬프트 기반 창작 시대의 IP 규범 재정립”. 한국법제연구원.

김혜정(2022). “개정 부정경쟁방지법상 퍼블리시티 조항 신설의 의미와 전망”. 《IP Focus》, 2022-09. 한국지식재산연구원.

문화체육관광부·한국저작권위원회(2010). 《음악과 저작권》.

문화체육관광부·한국저작권위원회(2025). “생성형 인공지능 결과물에 의한 저작권 분쟁 예방 안내서”. 저작권관계자료 2025-03.

박성호(2025). “생성형 AI 관련 저작권 침해소송에서 주장·증명책임에 관한 고찰”. 《서울대학교 法學》, 66(1), 165~220쪽.

박유선(2023). “생성형 인공지능(AI)의 스타일 모방의 저작권 침해에 관한 연구”. 《산업재산권》, 76, 431~454쪽.

이영록(2004). “퍼블리시티권에 관한 연구(Ⅱ): 침해이용과 권리행사 제한 그리고 구제수단에 대한 미국에서의 논의를 중심으로”. 《저작권연구자료》, 47.

최승재(2025). “인공지능 프롬프트에 특정 작가의 스타일을 입력한 결과물의 저작권 침해 여부”. 《이슈리포트》, 2025-1. 한국저작권위원회.

한지영(2016). “부정경쟁방지법에 의한 퍼블리시티권 보호방안에 대한 비판적 검토”. 《홍익법학》, 17(3), 639~665쪽.

Bonfiglio, J.(2025). Ghibli, Ghiblification, Copyright and Style. Authors Alliance.

Buccafusco, C.(2025). Copyrighting Style. *Duke Law School Public Law & Legal Theory Series No. 2025-20.*

06
AI 산출물의 침해 판단 기준

이용자가 특정 저작물을 인지하고 입력한 프롬프트에 의해 침해적 산출물이 생성되었다면 이용자 책임이 인정된다. 반면, 일반적 프롬프트를 입력했음에도 AI가 학습 데이터를 기반으로 침해적 산출물을 생성한 경우 저작권 침해 책임이 핵심 쟁점이 된다. 이 장은 AI 산출물이 타인의 저작권을 침해하는 경우 그 판단 기준에 대해 검토한다.

뱅크시(Banksy)의 풍선을 든 소녀

디지털 모사물을 포함하여 생성형 AI의 산출물 생성 과정은 학습 데이터에 포함된 사진, 이미지, 영상, 음반, 문서 등 타인의 저작물에 접근하여 이를 기초로 결과물을 생성하는 과정을 거친다. 따라서 AI 산출물은 학습 데이터와 이용자의 프롬프트 입력이 상호작용함으로써 특정 저작물의 특징이나 인격 표지를 재현하여 형성되는 복합적인 결과물로 이해할 수 있다.

"빨간 풍선을 든 소녀의 이미지를 만들어 줘."

이 단순한 프롬프트에 대해 생성형 AI가 산출할 수 있는 결과물은 무한하다. 흑백 실루엣으로 그려진 소녀, 디즈니 스타일의 큰 눈동자를 가진 캐릭터, 그래피티 같은 거친 붓터치의 소녀 등 동일한 요청이라도 결과물은 천차만별이다.

그런데 만약 AI가 산출한 이미지가 바람에 날아가는 빨간 하트 풍선을 향해 손을 뻗고 있는 뱅크시의 유명한 작품 〈Girl with Balloon〉과 실질적으로 유사하다면, 저작권 침해의 책임은 누구에게 있는가? 특정 작가나 작품을 명시하지 않은 일반적 프롬프트를 입력한 이용자가 그 책임을 져야 하는가, 아니면 학습 데이터에 해당 작품을 포함시키고 이를 재현하도록 설계된 AI 개발자가 책임을 져야 하는가?

프롬프트 입력의 법적 효과

저작권 침해가 성립하기 위해서는 일반적으로 의거성과 실질적 유사성이 모두 인정되어야 한다. 의거성은 피고가 원고의 저작물에 접근하여 이를 이용하였음을 의미하며 피고가 원고의 저작물을 보거나 접하여 그것을 베끼는 식으로 이용하였음을 뜻한다. 실제로 의거성을 직접 증거로 입증하는 것은 매우 어려우므로, 피고가 원고의 저작물에 접근할 수 있었다는 점과 두 저작물 간 유사성이 존재한다는 간접 사실을 통해 의거성이 추정된다.

이용자는 프롬프트를 통하여 생성형 AI가 특정 저작물에 접근하여 어떠한 산출물을 생성하도록 지시하거나 유도할 수 있으므로 프롬프트에 드러나는 이용자의 인식은 의거성 판단에 중요한 요소가 될 수 있다.

이용자가 특정 저작물에 대해 인식을 갖고 이를 프롬프트에 입력하였다면 AI 시스템이 학습 데이터에 포함된 해당 저작물에 접근하여 이를 기초로 산출물을 생성할 가능성이 높아진다. 이용자의 인식 여부는 프롬프트에 저작물의 제호 등 고유 명사를 명시하는 경우, 특정 표현 요소를 재현하도록 지시하거나 유사한 결과물을 생성하도록 유도하는 경우, 동일한 프롬프트와 파라미터를 반복 실행하여 일관된 결과물을 산출하도록 하는 경우 등에 의해 확인될 수 있다. 이러한 행위는 원저작물에 대한 접근 가능성을 현저히 높이는 것으로 평가될 수 있으며, 저작권 침해 소송에서 의거성 추정을 강화하는 요소로 작용할 수 있다.

다만, 프롬프트에서 이용자의 인식이 확인되고 접근 가능성이 인정되더라도, AI 산출물이 해당 저작물과 실질적으로 유사하여야 비로소 의거성이 추정된다.

프롬프트 입력자의 법적 책임

이용자가 특정 저작물에 대한 인식을 가지고 침해 유발적 프롬프트를 입력하여 침해적 산출물이 생성되는 경우 의거성이 추정된다.

이용자의 인식을 기반으로 한 의거성 추정은 본질적으로 추정에 불과하므로, 피고는 전형적 표현의 사용이나 독립적 창작의 항변을 통해 이를 번복할 수 있다. 그러나 생성형 AI는 수십억 개의 토큰으로 구성된 방대한 학습 데이터를 바탕으로 확률적 언어 예측을 통해 결과물을 산출하는 구조를 가지며, AI 모델의 블랙박스적 특성으로 인해 산출물이 어떤 학습 데이터와 가중치를 거쳐 생성되었는지 추적하는 것이 현재의 기술 수준에서는 사실상 불가능하다.

AI 시스템은 이용자가 해당 저작물에 대한 인식이 없는 경우에도 특정 저작물과 유사한 결과물을 생성할 수 있다. 이용자가 단순한 프롬프트를 입력하였으나 해당 저작물이 AI 학습 데이터에 포함되어 있었고 AI 산출물이 해당 저작물과 실질적으로 유사한 경우 저작권 침해가 발생할 수 있다.

이용자가 특정 저작물에 대한 접근을 구체적으로 지시하지 않았더라도 AI 모델이 해당 저작물에 접근하여 이를 기반으로 산출물을 생성할 수 있으며, 이로 인한 저작권 침해 책임이 발생할 수 있다는 의미다.

프롬프트 없이 접근 가능하다면?

전통적인 저작권 침해의 접근 가능성에 의한 의거성 추정과 AI 환경에서의 차이점은 특정 저작물에 대한 접근이 이용자에 의해 이루어질 수 있으나, 이용자의 인식 없이도 AI 모델에 의해 특정 저작물에 대한 접근이 이루어질 수 있다는 점이다.

따라서 이용자의 인식이나 침해 유발적 프롬프트가 없더라도 AI 학습 데이터에 해당 저작물이 포함되어 있는 경우 AI 모델이 원저작물에 접근 가능하므로, 산출물과 원저작물 간에 실질적 유사성이 인정될 경우 저작권 침해가 발생할 수 있다.

의거성을 주관적 요건으로 파악하는 우리나라 다수설은 이용자가 원저작물에 대한 인식이 없었다면 원칙적으로 의거성을 인정하지 않는 견해다. 이에 대해 문화체육관광부·한국저작권위원회는 이용자 인식 중시 견해와 학습 데이터 포함 중시 견해가 병존함을 인정하면서도 명확한 입장을 유보하고 있다.

반면 일본 문화청은 이용자의 인식과 무관하게 AI가 개발·학습 과정에서 저작물을 학습했다면 객관적으로 접근이 있었다고 보아, 이 경우 이용자뿐 아니라 AI 개발자도 침해 책임의 주체가 될 수 있다는 입장이다. 이는 이용자의 주관적 인식을 중시하는 우리나라 다수설과 차이를 보인다.

AI 암기 현상

AI 암기(memorization) 현상이란 생성형 AI 모델이 명시적인 기억 장치나 저장 기능 없이 학습 과정에서 접한 데이터를 내부 파라미터에 내재화한 후, 특정 입력 프롬프트에 반응하여 해당 데이터를 정확히 또는 유사하게 재현하는 것을 말한다.

뉴욕타임스 대 마이크로소프트(NY Times Co. v. Microsoft Corp.) 사건에서, 뉴욕타임스는 ChatGPT-4가 자사 콘텐츠를 거의 그대로 복제하여 출력한 100페이지 이상의 사례를 증거로 제시하였다. 이에 대해 OpenAI는 이러한 결과가 원고가 AI 모델에 콘텐츠를 그대로 출력하도록 유도하거나 수많은 시도 중 특정 사례를 선별한 것이라고 반박하였다. 이러한 대립은 이용자가 원하는 결과를 얻기 위해 프롬프트를 정교하게 조작할 경우, AI 모델이 학습 과정에서 암기된 내용을 출력할 가능성이 높아진다는 점을 보여 준다.

LLM이 학습 데이터를 그대로 재현할 가능성은 모델의 특성에 따라 달라진다. AI 개발자가 학습 데이터의 재현을 차단하거나 회피하도록 정렬(alignment)하지 않은 경우, 사용된 모델과 방법론에 따라 약 0.000001%에서 0.852% 범위 내에서 학습 데이터가 그대로 복원될 수 있다고 보고된다.

스테이블 디퓨전(Stable Diffusion)을 대상으로 한 조사에서는 10만 개의 무작위 프롬프트 기반 캡션 중 약 1.2%가 원본 학습 데이터와 충분히 유사하여 중복으로 간주될 수 있는 것으로 나타났다. 또한 일루더AI

(EleutherAI)의 오픈소스 LLM인 GPT-Neo 모델을 무작위 표본 추출하여 분석한 연구에서는 학습 데이터의 최소 1%에서 추출 가능한 암기 현상이 확인된다.

프롬프트 내용이 구체적일수록 AI 모델이 학습 데이터를 기반으로 특정 저작물을 재현할 가능성이 높아지며, AI 암기 현상의 발현을 유도할 수 있다. 그러나 AI 암기 현상은 프롬프트뿐만 아니라 AI 학습 과정 자체에서도 발생할 수 있다. 특히 머신러닝의 과적합(overfitting) 현상과 관련이 있다. 과적합은 AI 모델의 복잡성이 지나치게 높아 학습 데이터에 과도하게 맞춰지는 경우, 학습 데이터의 양이 제한적인 경우, 데이터에 잡음(noise)이 과도하게 포함되어 모델이 관련 정보와 무관한 잡음을 구분하는 능력이 저하되는 경우에 발생한다. 또한 동일한 저작물이 학습 데이터에 중복되어 다수 포함될수록 암기 현상이 발생할 가능성이 높아진다.

AI 암기 현상이 AI 개발자에 의해 의도적으로 유도되었거나 이용자의 단순한 프롬프트 입력만으로 특정 작가의 표현 양식이 그대로 재현되도록 학습된 경우 저작권 침해 책임의 주체를 AI 개발사 등에게 확장할 것인지에 대한 논의가 필요하다.

AI 환경에 맞는 새로운 판단 기준

AI 환경에서는 이러한 전통적 의거 관계 법리가 구조적 한계에 직면한다. 기존 저작물에 대한 이용자의 인식과 이용 의사는 오직 프롬프트의 유형과 내용을 통해서만 간접적으로 추론될 수 있을 뿐이며, 실제 이용 행위의 존재 여부와 그 방식은 AI 시스템의 블랙박스적 특성으로 인해 규명이 불가능하다.

더욱이 프롬프트에 표현된 이용자의 인식 및 의사와 최종 산출물 사이에는 직접적 대응 관계가 성립하지 않는다. AI 환경에서는 이용자의 주관적 인식에 의한 접근과 AI 모델에 의한 객관적 접근이 혼재되어 나타난다는 점에서 전통적 법리 적용에 한계가 있으며, 이러한 특수성을 반영한 새로운 판단 기준 도입의 필요성이 제기된다.

이에 따라 의거 개념을 객관적 인과 관계로 재구성하되, 사실적 인과 관계가 아니라 저작권법의 규범적 평가를 거친 법적 인과 관계로 파악해야 한다는 견해가 제시된다. 이러한 접근은 행위자의 인식이나 의사 같은 주관적 사정을 판단 요소에서 배제하여 명확성을 확보하며, 인과 관계의 연결고리는 아이디어가 아닌 표현의 차원에서 인정되어야 한다는 점을 강조한다. 또한 의거 관계 입증의 어려움을 반영하여, 학습 데이터에 피침해 저작물이 존재하고 AI 산출물이 피침해 저작물과 매우 유사한 경우 입증 책임을 전환하여 이용자나 AI 개발자에게 의거성 부존재에 대한 입증 책임을 부담시키는 것이 타당하다는 견해도 제기된다.

결론적으로, 의거성 판단을 이용자의 주관적 인식 여부에 따라 판단할 것이 아니라 AI 산출물이 해당 저작물의 창작적 표현에 실질적으로 의거하여 생성되었는가를 객관적으로 평가하는 방향으로 전환할 필요성이 있다. AI 산출물이 해당 저작물의 표현에 의거하여 생성되었다고 인정되는 경우, 침해 책임의 성립 및 범위를 결정하는 단계에서 접근의 주체, 프롬프트의 유형과 구체성, 학습 데이터 내 해당 저작물의 포함 비중 및 중복 여부, AI 학습 과정에서의 기술적 처리 방식, 과적합이나 암기 현상의 유도 여부, 출력 단계에서의 기술적 방지 조치 존재 여부 등의 요소를 종합적으로 고려하여 책임의 귀속 주체와 그 범위를 결정하는 것이 타당하다.

참고문헌

김원오(2025). "생성형 AI 프롬프트 기반 창작 시대의 IP 규범 재정립". 한국법제연구원.

류시원(2025). "의거 요건 탐구 Ⅱ : 생성 AI의 출력과 의거". 《저스티스》, 209, 472~526쪽.

문화체육관광부·한국저작권위원회(2023). “생성형 AI 저작권 안내서”. 저작권관계자료 2023-10.

문화체육관광부·한국저작권위원회(2025). “생성형 인공지능 결과물에 의한 저작권 분쟁 예방 안내서”. 저작권관계자료 2025-03.

박성호(2025). “생성형 AI 관련 저작권 침해소송에서 주장·증명책임에 관한 고찰”. 《서울대학교 法學》, 66(1), 165~220쪽.

박유선(2024). “디지털 모사권(Digital Replica Right) 도입을 통한 실연자 보호에 관한 연구”. 《산업재산권》, 79, 355~394쪽.

전응준(2025). “AI 산출물에 의한 저작권 침해에 관한 연구”. 《정보법학》, 29(1), 50~86쪽.

일본 문화청 문화심의회 저작권분과회 법제도소위원회(2024). “AIと著作権に関する考え方について”.

Alhadeff, J. et al.(2024). Limits of Algorithmic Fair Use. *Washington Journal of Law, Technology & Arts, 19.*

Cooper, A. F. & Grimmelmann, J.(2025). The Files are in the Computer: On Copyright, Memorization, and Generative AI. *Chicago-Kent Law Review, 100,* pp.141~219.

Kurtza, J. L.(2024). Where Melodies Emerge from Algorithms: A Dissection of the Need for a Licensing Structure in a World of AI-Generated Music. *Drexel Law Review, 17.*

Lemley, M. A.(2024). How Generative AI Turns Copyright Upside Down. *Columbia Science & Technology Law Review, 25.*

Moriarty, C. E.(2023). The Legality of Generative AI—Part 2. *Colorado Lawyer, 52.*

Murray, M. D.(2023). Generative AI Art: Copyright Infringement and Fair Use. *SMU Science and Technology Law Review,*

26(2).

Schneider, M.(2025). “Fake Drake”: Vindicating Copyright Ownership in the Advent of Generative AI Music. S*outhern California Law Review, 98*.

Sobel, B. L. W.(2024). Elements of Style: Copyright, Similarity, and Generative AI. *Harvard Journal of Law & Technology, 38*.

07
디지털 모사를 위한 AI 데이터 학습

AI 데이터 학습을 인간이 책을 읽고 배우는 과정과 동일하게 이해할 수 있을까? 이 장에서는 인간과 AI의 학습 방식이 어떻게 다르며, 그 차이가 저작권법상 공정 이용 판단에 어떠한 법적 함의를 가지는지를 검토한다.

AI와 애니메이션?

다시 한번 로마의 휴일

이미 1993년에 세상을 떠난 오드리 헵번을 다시 스크린 위에 되살려, 로마의 햇살 아래 좁은 골목길을 배경으로 초콜릿 광고를 제작한다면 어떨까.

AI를 활용한 디지털 모사물 생성은 그녀의 젊은 시절 모습을 담은 영화 장면과 인터뷰 영상, 특유의 목소리, 동작 및 연기 데이터를 학습하여 극히 사실적으로 재현함으로써, 마치 배우가 살아있는 것과 같은 현실감을 제공한다. 그러나 이 과정에서 활용되는 사진, 영화, 음반 등은 저작권으로 보호되므로, 권리자의 허락 없이 이를 학습에 이용하는 경우 저작권 침해로 이어질 수 있다.

생성형 AI 시스템은 대규모 데이터를 수집 · 정제하여 학습한 후, 이용자가 입력한 프롬프트에 응답하여 텍스트, 이미지, 음성, 영상 등 다양한 형식의 산출물을 생성하는 방식으로 작동한다. AI 모델의 사전 학습(pre-training) 단계에서 개발자는 웹상에 공개된 텍스트, 이미지, 음성 등 다양한 유형의 데이터와 별도로 확보한 데이터를 활용하여 학습 데이터세트를 구축한다. 이 과정에서 제3자의 저작물이 권리자의 허락 없이 수집 · 포함될 수 있으며, 이에 따라 AI 데이터 학습 과정에서의 데이터 이용 행위가 저작권 침해에 해당하는지가 문제된다. 현재 전 세계적으로 진행 중인 생성형 AI 관련 저작권 침해 소송은 이러한 '입력 단계(input)'에서의 저작권 침해를 주요 쟁점으로 다루고 있다.

AI 학습을 위한 저작물 이용, 정당한가?

주요 AI 개발사들은 인공지능 기술 개발을 위해 방대한 양의 기존 저작물을 권리자의 이용 허락 없이 학습 데이터로 활용해 왔으며, 어쩌면 이를 기반으로 AI 기술의 비약적인 발전이 이루어졌다고 할 수 있다.

그렇다면 인공지능 기술의 발전과 혁신을 위해 기존의 인간 저작물을 허락이나 보상 없이 학습 데이터로 사용하는 행위는 정당화될 수 있을까?

AI 학습을 위한 데이터 수집 · 전처리 · 학습 단계에서는 저작물의 영구적 또는 일시적 복제가 수반될 수 있다. 이러한 입력 단계의 저작권 이슈와 관련하여, 유럽연합은 디지털 단일 시장 저작권 지침(EU Directive 2019/790)에 텍스트 데이터 마이닝(TDM) 예외 규정을 두고 있다. 구체적으로, 제3조는 연구 기관 및 문화유산 기관이 과학 연구 목적의 범위에서 합법적으로 접근 가능한 저작물에 대해 TDM을 수행할 수 있도록 의무적 예외를 규정하고 있다. 또한 제4조는 상업적 이용을 포함한 일반 목적의 TDM을 허용하되, 권리자가 옵트아웃(opt-out)을 통해 권리를 유보할 수 있도록 규정하고 있다.

아울러 EU 인공지능법(AI Act)은 범용 인공지능(GPAI) 모델 제공자에게 상기 권리 유보 규정을 포함한 EU 디지털 단일 시장 저작권 지침을 준수하기 위한 정책을 수립·이행할 의무를 부과하고, EU AI 사무국이 정한 형식에 따라 학습에 사용된 데이터세트에 대한 '충분히 상세한 요약(sufficiently detailed summary)'을 공중에 공개할 의무를 부과한다.

TDM 예외와 권리 유보·투명성 의무를 통해 입법적·사전적 규율을 추진하는 유럽연합과 달리, 미국은 AI 학습을 위한 저작물 이용이 공정 이용(fair use) 원칙에 부합하는지를 중심으로 판례법적·사후적 해결 방식을 택하고 있다.

공정 이용(Fair Use)은 저작권자의 동의 없이도 일정한 요건 하에 저작물의 이용을 허용하는 저작권 제한 규정으로, 미국 저작권법 제107조와 풍부한 판례를 바탕으로 발전해 왔다.

우리나라도 이를 참고하여 2011년 저작권법 제35조의5에 공정 이용 조항을 신설하였다. 현재 미국 법원에 계류 중인 인공지능 관련 저작권 침해 소송들은 주로 대규모 언어 모델(LLM)을 학습시키기 위한 데이터 수집 및 AI 모델 학습 과정에서의 저작물 이용이 저작권 침해에 해당하는지, 그리고 이에 대해 공정 이용 법리가 적용될 수 있는지를 핵심 쟁점으로 다루고 있다.

AI 학습과 공정 이용

미국 연방대법원은 신기술의 도입과 변화에 대응하여 공정 이용 법리를 유연하게 운용해 왔다. 인공지능 학습이라는 새로운 기술로 인한 법적 쟁점에 대해서도 저작권자·AI 개발자·이용자 간의 이해관계를 공정 이용 법리에 따라 조정함으로써, 기술 혁신과 저작권 보호의 균형점을 모색하고자 한다.

공정 이용 여부에 대한 판단은 ① 이용의 목적 및 성격 ② 저작물의 종류 및 용도 ③ 이용된 부분의 양과 질 ④ 저작물의 이용이 시장에 미치는 영향의 네 가지 요소를 종합적으로 검토한다. 특히 최근에는 이용의 목적 및 성격과 관련하여 '변형적 이용' 여부가 공정 이용의 핵심적인 판단 기준으로 중시되고 있다.

최근 앤트로픽(Claude AI)과 메타(Llama)를 대상으로 한 저작권 침해 소송에서, 미국 연방지방법원은 AI 데이터 학습이 공정 이용에 해당하는지에 대한 중요한 법적 판단을 내렸다. 비록 지방법원 판결로서 상급심에서 다른 해석이 나올 가능성은 남아 있으나, 이는 생성형 AI 개발 과정에서의 저작권 보호 범위와 한계에 관해 관련 업계가 오랫동안 기다려온 법리 적용의 방향성을 제시했다는 점에서 의미가 크다.

AI 학습은 인간이 책을 읽고 글쓰기를 배우는 과정과 유사한가?

AI 데이터 학습은 인간 뇌의 작동 원리에서 착안하여 설계되었다. 이를 수학적 · 알고리즘적으로 단순화한 인공신경망(artificial neural network) 구조를 기반으로, 방대한 데이터의 패턴을 인식하고 분석하는 과정을 통해 AI는 예측 및 생성 기능을 향상시킨다.

그렇다면, AI 학습은 인간이 책을 읽고 글쓰기를 배우는 과정과 유사하다고 볼 수 있을까?

Anthropic 사건에서 법원은 인간의 학습 과정을 예로 들었다. 책을 구입할 때는 비용을 지불하지만, 이후 그 책을 읽거나 내용을 기억하거나 새로운 글을 쓸 때 참조하더라도 매번 사용료를 내지 않는 것처럼, AI의 데이터 학습 목적 이용 행위 역시 저작권자가 금지할 수 없다고 판단하였다. 또한 법원은 인간 작가가 훌륭한 표현을 익

히기 위해 다양한 고전을 읽고 기억한 뒤 뛰어난 문체와 표현을 결합하여 새로운 글을 창작하는 것이 저작권 침해가 아닌 것처럼, AI의 학습과 생성 과정 역시 동일한 법적 원리로 평가되어야 한다고 보았다.

반면, 같은 쟁점에 대해 Meta 사건에서 법원은 대규모 언어 모델(LLM)이 다양한 문맥에서 단어 간 통계적 패턴을 학습하고 이를 기반으로 다음 단어를 예측하며, 그 예측의 정확성에 따라 언어에 대한 일반화된 이해를 갱신하는 과정을 수십억에서 수조 번 반복 수행한다는 점에 주목하였다. 따라서 이러한 기계적 학습 방식은 인간의 책 읽기와는 본질적으로 다른 과정이라고 판단하였다.

미국저작권청(USCO)은 인간의 학습과 AI 학습의 본질적 차이를 인간은 저작물을 자신의 고유한 성격, 경험, 기억, 세계관을 통해 필터링하여 불완전한 인상으로 기억하는 반면 생성형 AI는 저작물을 완벽하게 복제하고 거의 즉각적으로 분석할 수 있으며, 그 결과 초인간적인 속도와 규모로 창작할 수 있는 모델을 형성하므로, AI 학습은 인간의 학습과 본질적으로 다르며, 오히려 인간의 한계를 초월하는 것으로 해석하였다.

또한 미국 저작권청은 인간이 학습 목적으로 도서관에서 저작물을 복제하더라도 공정 이용이 인정되지 않으며, 통상적으로 판매나 라이선스를 통해 적법하게 취득한 책을 구매하거나 대여해야 하는 것과 마찬가지로, 복제의 주체가 컴퓨터라고 하여 인간보다 더 폭넓은 복제를 허용할 근거는 없다고 보았다.

AI 데이터 학습은 변형적 이용인가?

변형적 이용(transformative use)이란 공정 이용 판단의 첫 번째 요소인 '이용 행위의 목적과 성격'을 평가할 때 적용되는 핵심 개념으로, 해당 이용이 단순히 원저작물을 복제하거나 대체하는 데 그치지 않고 새로운 목적이나 성격을 부여하거나 새로운 표현 · 의미 · 메시지를 추가하여 원저작물의 창작 목적과 실질적으로 구별되는 방식으로 이루어진 경우를 의미한다.

Anthropic 사건에서 법원은 LLM이 저작물을 학습 데이터로 활용하는 행위가 본질적으로 변형적 이용에 해당한다고 판시하였다. 이는 마치 작가를 꿈꾸는 독자가 다양한 표현을 참고하여 자신만의 창작을 시도하는 것과 같이, 새로운 창작물을 생성하기 위한 목적으로 이루어지기 때문이다. 즉, AI 모델의 데이터 학습은 원저작물을 모방하거나 대체하려는 것이 아니라, 방향을 전환하여 전혀 다른 결과물을 창조하기 위한 학습으로서 전형적인 변형적 이용에 해당한다고 판단하였다.

또한 법원은 Claude AI의 서비스 구조를 주목하였다. 이용자는 Claude AI 서비스와만 직접 상호작용하며, 해당 서비스는 이용자와 기반 LLM 사이에 중간 소프트웨어를 배치해 저작권 침해 가능성이 있는 출력물을 차단한다. 법원은 이를 통해 저작물의 표현적 요소가 이용자에게 제공되지 않는다는 점을 고려하였다.

Meta 사건에서 법원은 원고들의 저작물 창작 목적과 AI 개발사의 저작물 복제 목적이 본질적으로 다르다고 보았다. 원고들의 저작물은 독자에게 오락이나 교육을 제공하기 위해 창작된 반면, AI 개발사의 저작물 복제는 다양한 텍스트를 생성하고 폭넓은 기능을 수행할 수 있는 혁신적 도구인 LLM을 학습시키기 위한 것이었다.

특히 법원은 생성형 AI의 용도에 주목하였다. 생성형 AI는 단순히 표현적 저작물을 생성하거나 읽도록 하는 데 그치지 않으며, 실시간 세금 · 의료 자문 제공, 문서 번역 등 표현적 목적을 넘어서는 다양한 용도로 활용될 수 있다. 이러한 점을 바탕으로 법원은 LLM 학습을 위한 저작물 이용 행위를 변형적 이용에 해당한다고 판단하였다.

AI 학습은 저작물의 시장 가치를 훼손하는가?

AI 산출물이 시장에서 원저작물과 경쟁할 가능성은 공정 이용의 네 번째 요소인 이용이 원저작물의 잠재적 시장 또는 가치에 미치는 영향을 판단하는 데 핵심이 된다.

Anthropic 사건에서 법원은 LLM 훈련의 효과를 학생들에게 글쓰기를 잘 가르친 결과 그들이 나중에 경쟁력 있는 작품을 창작하게 되는 것과 동일하다고 보았다. 이러한 경쟁은 저작권법이 우려하는 유형의 경쟁적 또는 창조적 대체가 아니라고 판단하였다.

더 나아가 법원은 LLM 훈련을 위한 라이선스 계약 요구로 인한 저작권자 이익 손상이라는 주장에 대해 저작권법은 이러한 신규 시장에서의 저작권자의 권리 보장을 위함이 아니라고 판시하였다. 법원은 저작권법의 본래 목적은 창작적 저작물의 진흥을 위함으로 저작자를 미래의 경쟁으로부터 보호하기 위한 것이 아니라는 점을 재확인하였다.

동일한 쟁점에 대해, Meta 사건에서 법원은 Llama가 원고들의 책에서 50단어 이상의 의미 있는 부분을 생성할 수 없다는 점에서, 구글 북스(Google Books) 사례에서 책의 16%까지 볼 수 있게 허용한 경우 '상당한 해악'이 없다고 본 것과 비교하며, Llama의 미미한 재현 능력으로는 시장에 유의미한 직접적 영향을 미치지 않는다고 판단하였다.

법원은 더 근본적인 문제로 저작권이 있는 저작물로 훈련된 생성형 AI 모델이 직접적으로 저작권을 침해하지 않더라도 원본과 경쟁할 수 있는 수많은 유사한 작품들을 생성함으로써 시장을 희석시킬 가능성이 있음에 주목하였다. 법원은 이러한 간접적인 대체(indirect substitution)를 저작권법상 인지 가능한 해악이라고 인정하며, 기존의 단일 2차 저작물 사례와 달리 LLM 훈련이 '수백만 개의 2차 저작물'을 생성할 수 있는 잠재력으로 인한 시장 희석 가능성을 강조하였다.

참고문헌

김원오(2025). "생성형 AI 프롬프트 기반 창작 시대의 IP 규범 재정립". 한국법제연구원.

박유선(2015). "미국 판례상의 변형적 이용에 대한 연구". 《계간 저작권》, 28(2), 73~99쪽.

박유선(2024). "생성형 AI 학습에 있어 창작자 보호를 통한 공생 관계 구축에 관한 연구". 《계간 저작권》, 37(3), 39~67쪽.

Bartz v. Anthropic PBC, 3:24-cv-05417-WHA (N.D. Cal. 2025).

Debevoise & Plimpton(2025). Anthropic and Meta Decisions on Fair Use. https://www.debevoise.com/insights/publications/2025/06

/anthropic-and-meta-decisions-on-fair-use

Kadrey v. Meta Platforms, Inc. 3:23-cv-03417-VC (N.D. Cal. 2025).

US Copyright Office(2025). Copyright and Artificial Intelligence Part 3: Generative AI Training (Pre-publication Version).

Yi, D. & Chau, B.(2025). Practical Commentary Regarding Copyright and Generative AI Training. Norton Rose Fulbright. https://www.nortonrosefulbright.com/en/knowledge/publications/87200379/practical-commentary-regarding-copyright-and-generative-ai-training

08
디지털 모사권의 이론과 입법 방향

생성형 AI 시대, 나의 얼굴과 목소리로 만들어진
콘텐츠-디지털 모사물을 통제할 수 있는
권리를 어떻게 우리 법체계에 도입할 것인가?
각국의 디지털 모사권 입법 예를 바탕으로
우리나라 법제 내 수용 방안을 검토하고자 한다.

AI와 인재 채용?

디지털 모사권 도입에 대한 접근 방식

딥페이크 등으로 인한 실연자의 권리 침해 가능성에 대응하기 위해 각국은 서로 다른 법적 접근을 취하고 있다. 미국은 디지털 모사권을 퍼블리시티권 또는 상표권의 연장선상에서 별도의 연방법을 입법함으로써 실연자를 포함한 인격 표지 주체의 사후적 권리 보호를 추진하고 있다.

이러한 입법 배경에는 미국 저작권법상 실연자의 저작인접권이 인정되지 않으므로 디지털 모사물에 관한 권리 침해에 대해 저작권법상 보호 근거가 미약하다는 점이 자리한다.

반면 대륙법계 국가들은 저작권법상 실연자의 저작인접권을 명문으로 규정하여 미국에 비해 상대적으로 강한 실연자 보호가 가능하므로, 디지털 모사권에 대한 별도의 입법 논의는 활발하지 않은 것으로 보인다. 유럽연합은 개인정보보호법(GDPR)과 EU 인공지능법(EU AI Act) 등을 통해 정보 주체에게 생체 정보를 포함한 개인정보 처리에 대한 통제권을 부여함으로써 디지털 모사물의 생성 및 이용을 사전적으로 규율하는 방식으로 대응하고 있다.

유럽의 개별 국가들은 기존 법체계 내에서 서로 다른

규제적 접근을 취하고 있다. 프랑스는 2024년 형법 개정을 통해 인격 표지 주체의 동의를 받지 않은 딥페이크 등 인공지능 생성 시청각 콘텐츠의 공유를 금지하고, AI 생성물임을 명확히 표시할 의무를 부과하였다. 이를 위반할 경우 형사처벌이 적용되며, 특히 음란물을 포함한 딥페이크 콘텐츠는 AI 생성물임이 명백히 표시된 경우에도 예외 없이 금지된다.

덴마크는 저작권법 개정을 통해 새로운 권리를 창설하기보다는 기존 법체계 내에서 디지털 모사물을 규율하는 접근을 택했다. 개정안은 첫째, 일반 국민 전체에 대한 포괄적 보호로서 외모나 목소리 등 타인의 개인적 특징을 사실적으로 디지털 모사하여 당사자의 동의 없이 배포·전송하는 행위를 금지하고, 둘째, 실연자 및 예술가의 공연이나 표현을 디지털로 사실적으로 재현한 모사물을 당사자의 동의 없이 배포·전송하는 행위를 금지하는 조항의 신설을 내용으로 한다. 이를 통해 일반인과 실연자는 동의 없이 공유된 디지털 모사물에 대해 손해배상을 청구하거나 삭제를 요청할 수 있는 권리 구제 절차를 확보하게 된다.

대륙법계에 속한 우리나라의 경우, 디지털 모사권을 별도의 독립된 입법으로 도입하는 데에는 법체계 내 수용 가능성, 기존 법률과의 정합성, 입법 기술적 제약 등의 문제가 존재한다.

과거 유사 개념인 퍼블리시티권 입법이 여러 차례 시도되었음에도 불구하고 입법화되지 못한 점을 감안할 때, 이러한 제약은 현실적인 문제로 인식된다. 디지털 모사권 입법 방안으로는 저작권법상 실연자의 저작인접권의 실연 범위에 디지털 모사권을 포함시키는 방안과, 미국과 같이 디지털 모사권이라는 새로운 권리를 창설하는 방안을 고려할 수 있다.

저작인접권의 실연의 범위 확대

저작권법상 실연자의 저작인접권을 확대하는 방안으로, '실연'의 정의에 '합성 실연'을 추가하여 실연자 권리로 보호하는 방식이 주장된다.

합성 실연은 실제 실연과 마찬가지로 표현적 성격을 지니므로, 이를 저작권법상 보호 대상에 포함하더라도 지적재산법 체계와 충돌하지 않는다. 과거 녹음·녹화 기술이 등장하면서 '고정 실연'이 '현장 실연'을 대체하게 되자 저작인접권을 신설해 실연자를 보호한 역사적 경험이 있다. 이와 마찬가지로 오늘날 AI 기술로 인해 합성 실연이 실제 실연을 대체할 수 있는 수준에 도달했으므로, 실연의 범위에 합성 실연을 포함시켜 실연자 권리로 보호할 필요성이 제기된다. 이때 실제 실연을 대체할 수 있을 정도로 유사하여 구별이 어려운 합성 실연만을 보호 대상으로 한정함으로써 배타적 권리의 범위를 구체화하고 실연자의 권리 보호를 도모할 수 있다.

제도적 실행 방안으로는 합성 실연의 유통 투명성을 확보하고 무분별한 침해 주장을 방지하기 위해 등록을 권리 발생 요건으로 설정하는 방안이 제시된다. 또는 중간 단계로서 저작권법 제124조의 침해 간주 규정에 합성 실연 행위를 실연자 권리 침해 간주 행위로 추가하는 방안도 고려할 수 있다.

디지털 모사권으로 권리 창설

디지털 모사권을 실존 인물의 인격 표지 등을 사실적으로 모사한 디지털 표현의 생성과 이용에 인격 표지 주체에게 이를 통제할 수 있는 권리를 부여하는 방안으로, 디지털 모사권이라는 권리를 창설하여 보호하는 방안이다.

AI 기술의 보편화를 반영한 새로운 권리로서 디지털 모사권은 딥페이크로 인한 피해의 성격을 고려할 때, 인격 표지의 경제적 가치나 사회적 인지도의 유무와 관계없이 모든 자연인에게 인정되어야 한다. 디지털 모사물은 개인의 정체성을 드러내는 특징을 모사하여 생성되므로, 유명인에게 한정적으로 인정되던 퍼블리시티권과는 달리 모든 개인의 인격권적 가치를 보호하는 보편적 권리로 인정될 필요가 있다.

디지털 모사권은 개인의 음성, 시각적 유사성을 영리적으로 이용함으로써 발생하는 경제적 이익의 귀속에 관한 재산권적 성격과 함께, 성적 대상화, 명예훼손, 허위 정보 유포 등 중대한 인격권 침해를 수반하는 특성을 가진다. 따라서 디지털 모사권은 개인의 정체성이라는 인격적 가치와 상업적 가치라는 재산적 가치가 동시에 존재하는 권리로 해석되어야 한다. 미국 저작권청 역시 디지털 모사권과 유사한 권리가 프라이버시 이익과 재산권적 속성이 결합된 권리라고 권고한 바 있다.

디지털 모사물의 인격권적 성격과 재산권적 성격이 병존하는 권리로서의 실질적 보호를 위해서는, 디지털 모사물의 생성 및 이용에 있어 권리 주체의 사전적이고 명시적인 동의를 요구하는 동의권 도입이 필수적이다. 미국과 독일의 실연자 협회와 제작사들 간의 최근 협약은 이러한 동의권의 구체적인 모델을 제시한다. 협약에 따르면 디지털 복제물의 생성 및 이용에는 사전 동의가 필요하며, 동의는 특정 작품 및 목적에 한정되어야 하고,

포괄적이거나 일반적인 동의는 허용되지 않는다.

나아가 온라인 서비스 제공자(OSP)는 디지털 모사물로 인한 권리 침해를 가장 신속하고 효과적으로 차단할 수 있는 주체이므로, OSP에 대한 합리적인 책임 부과가 중요하다. OSP에 일정한 책임을 부과하되, 일정 요건을 충족할 경우 면책을 인정하는 규정을 도입하는 것이 합리적이다. 구체적으로 침해 통지에 대한 OSP의 신속한 조치 의무를 명확히 규정하고, 기술적 식별 수단을 활용한 자동화된 삭제 · 차단 조치를 유도하며, 권리자 및 업로더에 대한 통지 의무를 부과하는 방안을 고려할 수 있다.

디지털 모사권의 저작권법에의 편입

디지털 모사권을 어떤 방식으로 입법할 것인가와 관련하여, 미국은 퍼블리시티권 혹은 상표권을 모태로 입법을 추진하고 있고, 덴마크는 저작권법에 근거를 두고 있다.

저작권은 창작물에 나타난 인간의 창작적 표현을 보호하는 반면, 디지털 모사권은 인간의 정체성이 드러난 표현을 보호하며 창작성이라는 요소가 필요하지 않다는 점에서 본질적으로 차이가 있다. 그러나 디지털 모사권을 음성, 시각적 유사성 등 개인의 정체성이 드러나는 특성이 구현된 '표현물'에 대한 권리로 이해한다면, 저작권법

체계 내 편입하는 접근은 상당한 타당성을 가질 수 있다.

저작권법은 기술 발전에 따른 매체·콘텐츠 환경 변화에 유연하게 대응해 왔으며, 창작물 보호와 이용 간 균형을 도모하는 법적 기제로 기능해 왔다. 특히 디지털 모사물이 실연자의 권리를 침해할 위험이 증대되는 현 상황에서, 실연자의 권리 확대 측면에서 디지털 모사권을 저작권법에 편입하는 방식은 여러 장점을 지닌다. 예컨대, 디지털 모사권이 지닌 인격적 성격과 재산적 성격을 저작권법의 저작인격권과 저작재산권 체계와 유사한 방식으로 적용할 수 있다. 또한 저작권법의 OSP 책임 규정을 준용하여 무단 디지털 모사물 이용을 실효성 있게 규제할 수 있으며, 저작권법상의 제한 규정 적용을 고려할 수 있어, 권리 보호와 공익 간의 균형을 도모할 수 있다.

참고문헌

김원오(2025). "생성형 AI 프롬프트 기반 창작 시대의 IP 규범 재정립". 한국법제연구원.

김종국(2024). "영화산업의 생성형 인공지능(Generative AI) 활용 현황과 문제점". 《JITAM(Journal of Information Technology Applications & Management)》, 31(3), 181~192쪽.

노현숙(2025). "딥페이크 기술에 의한 인격권 침해 검토: 초상권을 중심으로". 《미디어와 인격권》, 11(1), 43~76쪽.

박경신(2022). "NFT 아트와 유명인의 초상 사용의 허용 범위:

부정경쟁방지법 제2조 제1호 타목 규정을 중심으로”. 《법학논총》, 35(2), 373~420쪽.
박성호(2023). 《저작권법》. 박영사.
박유선(2024). “디지털 모사권(Digital Replica Right) 도입을 통한 실연자 보호에 관한 연구”. 《산업재산권》, 79, 355~394쪽.
박준우(2024). “인공지능(AI)·딥페이크 생성물의 퍼블리시티권 침해 연구”. 《산업재산권》, 79, 315~354쪽.
박준우(2025). “인공지능(AI)이 합성한 실연 보호에 관한 연구: 퍼블리시티권(미국)과 실연자 권리(한국) 보호 방식을 중심으로”. 《계간 저작권》, 38(1), 48~89쪽.
안용교(1982). “초상권의 개념과 의의”. 《언론중재》, 3, 1~11쪽.
엄동섭(1998). “언론보도와 초상권 침해: 판례를 중심으로”. 《언론중재》, 67, 22~37쪽.
오혜민(2021). “독일연방대법원, 클릭베이트에 유명인사 사진 이용한 언론의 라이선스료 인용 여부 판단”. 《저작권동향》, 2021-3. 한국저작권위원회.
한지영(2023). “민법상 ‘인격표지영리권’ 입법에 관한 비판적 고찰”. 《아주법학》, 16(4), 163~194쪽.
Alhadeff, J. et al.(2024). Limits of Algorithmic Fair Use. *Washington Journal of Law, Technology & Arts, 19.*
Cohen, S. et al.(2025). Congress Reintroduces the NO FAKES Act with Broader Industry Support. *The National Law Review, 15.*
Kendall, C.(2011). The Publicity Rights of Avatar’s Avatars. *UCLA Entertainment Law Review, 18.*
Khan, O. A.(2010). Me, Myself, and My Avatar: The Right to the Likeness of Our Digital Selves. *I/S: Journal of Law and Policy for the Information Society.*
SAG-AFTRA(2023). TV/Theatrical Contracts 2023.

https://www.sagaftra.org/sites/default/files/sa_documents/TV-Theatrical_23_Summary_Agreement_Final.pdf

Shtefan, A.(2024). The Digital Replication Right as the Element of the Right of Publicity in the AI Age. https://ssrn.com/abstract=4788701

U.S. Copyright Office(2024). Copyright and Artificial Intelligence, Part 1: Digital Replicas. USCO.

09
AI 산출물 표시와 AI 재학습의 음영

AI 시스템은 이제 자신이 만든 산출물을 다시 학습 데이터로 삼는 순환적 학습에 들어섰다. 이 순환이 반복될수록 학습 데이터의 품질이 저하되고 편향이 증폭되며, AI 시스템 자체가 점진적으로 붕괴할 수 있다. 복사본을 다시 복사하면 화질이 떨어지듯, AI가 AI를 무한히 학습하는 이 폐쇄 회로는 기술 발전이 아닌 퇴행으로 이어질 수 있다.

AI와 기자?

AI 생성 콘텐츠 시대의 투명성 요구

생성형 AI 시스템은 대규모 데이터를 수집·정제하여 학습한 후, 이용자의 프롬프트에 응답하여 산출물을 생성한다. 이 과정에서 활용되는 학습 데이터는 인류 문명이 오랜 세월에 걸쳐 축적해온 문화, 예술, 과학, 철학, 기술 등 모든 분야의 창작물이다. 인공지능은 인간이 역사와 문명을 학습하는 방식과 유사하게, 저작물이라는 매개체를 통해 인류 문명 발전 과정에서 축적된 지식을 체계적으로 습득하게 된다.

그러나 AI 산출물이 기하급수적으로 증가하면서 AI 데이터 학습이 더 이상 인간 창작물에만 의존하지 않고, AI 산출물을 다시 학습 데이터로 활용하는 순환적 학습(recursive learning)이 본격화되고 있다. GPT, DALL-E, Stable Diffusion 등 대규모 언어 모델과 이미지 생성 모델의 상업적 성공과 더불어, 고품질 학습 데이터의 한계와 데이터 수집 비용의 증가라는 현실적 제약이 순환적 학습 방식을 촉진하고 있다.

이러한 순환적 학습 접근법은 기술적 측면에서 예상치 못한 부작용을 초래하고 있다. AI 산출물과 인간의 원창작물 간의 경계가 모호해지면서 학습 데이터의 품질 관리가 어려워지고 있으며, 시간이 경과할수록 생성 AI

의 결과물이 학습 데이터에 혼입되어 데이터 구조가 복잡하게 얽히게 된다.

순환적 학습의 오류

AI의 순환적 학습에서 발생하는 가장 심각한 기술적 문제는 모델 붕괴(model collapse) 현상이다. 모델 붕괴는 AI 산출물과 인간의 원저작물 간 경계가 모호해지고 학습 데이터의 품질이 점차 저하된다. 이러한 데이터의 품질 저하는 모델의 성능 저하와 편향(bias)의 증폭으로 연결된다. 원본 데이터에 내재된 편향이 AI 생성 과정에서 강화되고, 강화된 편향이 다시 학습 데이터로 활용되면서 편향이 누적·확대되는 악순환을 만들어 내는 것이다.

인간이 창작한 콘텐츠는 자연스러운 분포와 다양성을 가지는 반면, AI가 생성한 데이터는 기존 모델의 통계적 편향을 반영한 가공 데이터로, 이러한 데이터를 반복적으로 학습에 투입할 경우, 데이터 다양성의 점진적 상실과 표현의 획일화가 필연적으로 초래된다.

더욱 심각한 문제는 AI 환각(hallucination) 현상이다. AI 환각 현상이란 생성형 AI 시스템이 사실이 아닌 정보를 그럴듯하게 만들어 내는 현상으로, 실제로 존재하지 않거나 왜곡된 정보를 사실처럼 서술하거나 출력하는 오류를 말한다. 예컨대, 언어 모델이 잘못된 역사적 사실이나 과학적 정보를 생성했을 때, 이것이 다시 학습 데이터로 활용되면 해당 오류는 더욱 강화되어 모델 전체의 신뢰성이 훼손된다.

AI 산출물 표시

AI 산출물 표시는 해당 결과물이 다시 AI 시스템의 학습 데이터로 재투입될 수 있는지를 판단하는 중요한 기준선이 된다. 이는 이용자에게 해당 콘텐츠가 인간이 아니라 인공지능에 의해 생성되었음을 명시적으로 알리는 장치로, 디지털 모사물의 경우 실존 인물의 실제 이미지나 연기가 아닌 AI가 생성한 합성 표현물임을 명확히 밝히는 기능을 수행한다. 이를 통해 이용자는 콘텐츠의 진위를 인식할 수 있으며, 모사된 인물의 퍼블리시티권과 인격권 침해 여부를 판단할 수 있는 전제 정보를 확보하게 된다.

AI 산출물 표시와 관련해서, EU AI Act는 생성형 AI 시스템 제공자에게 그 산출물이 AI에 의해 생성되었음을 기계가 판독 가능한 형식으로 표시하도록 의무화하였다. 또한 딥페이크 등 조작된 콘텐츠를 배포하는 자에게 해당 콘텐츠가 인위적으로 생성되거나 조작되었음을 명확하고 구별 가능한 방식으로 공개하도록 요구한다. AI 산출물에 대한 표시 의무의 직접적인 부담자는 배포자이며, 공급자는 시스템 설계 단계에서 표시 기능을 마련하는 의무를 부담하는 이원적 구조를 취한다.

우리나라는 AI 산출물 표시 의무를 여러 법률을 통해 다층적으로 규율하고 있다. 선거라는 특정 기간과 목적에 한정하여, 「공직선거법」은 선거일 전 90일부터 선거일까지 선거 운동 목적의 딥페이크 영상에 대한 표시 의무를 최초로 법제화했다.

2026년 1월 시행 예정인 「AI 기본법」은 이원적 표시 의무 체계를 채택하여, 생성형 AI의 모든 결과물에 대해 인공지능 사업자가 AI 생성 사실을 표시하도록 하는 일반적 의무를 규정하고, 딥페이크에 대해 이용자가 명확히 인식할 수 있는 강화된 표시 의무를 부과한다. 다만 예술적 · 창의적 표현물은 전시와 향유를 저해하지 않는 범위에서 예외를 인정한다. 이는 AI 산출물의 위험도에 따른 차등적 규제로, 비례성 원칙의 구현이라 할 수 있다.

2025년 9월 공개된 시행령은 일반 AI 산출물에 대해 사람 또는 기계가 판독 가능한 형식으로 표시하도록 하여 비가시적 워터마크를 허용하고, 딥페이크에 대해서는 이용자가 시각 · 청각 등으로 쉽게 확인할 수 있는 방법으로 표시하도록 규정한다.

한편, 2024년 발의된 「콘텐츠산업진흥법」과 「저작권법」 개정안은 각각 콘텐츠 제작자와 저작물 창작자를 의무 주체로 규정하여, 불특정 다수의 일반 이용자에게까지 표시 의무를 확대한다. 이는 예측 가능성 부족, 집행 불가능성, 개인 창작 위축 등의 문제를 야기한다. 다만, 저작권법 개정안은 AI 산출물에 저작물 지위를 인정하지 않으면서 표시 의무를 부과하는 체계상 모순을 안고 있다.

AI 산출물 출처 표시

AI 산출물 출처 표시는 AI가 생성한 텍스트, 이미지, 영상 등의 산출물이 어떤 데이터, 자료, 저작물, 인물의 표현에 기반하여 생성되었는지를 명시하거나 추적할 수 있도록 하는 기술적 · 제도적 장치다. 이는 순환적 학습의 부작용을 최소화하기 위해 각 데이터의 원천과 변환 과정을 체계적으로 관리하기 위함이다.

미국은 연방 차원의 포괄적 AI 규제 입법 없이 행정명령과 주 단위 입법을 통해 부분적 규제 체계를 구축하고 있다. 바이든 행정부는 2023년 10월 AI 관련 행정명령을 통해 생성형 AI 개발자에게 안전성 테스트 결과와 중요

정보를 정부와 공유하도록 요구하고, 콘텐츠 인증 및 워터마킹 표준 개발을 지시하였다. 이에 따라 미국 국립표준기술연구소(NIST)는 AI 산출물의 투명성과 진위 확보를 위한 기술 표준 및 지침을 개발하고 있다.

저작물 추적 기술적 장치의 한계

전통적 워터마킹은 완성된 디지털 콘텐츠에 은밀한 식별 정보를 삽입하여 원본과의 연결고리를 유지하는 방식이다. 그러나 AI 학습 과정에서는 원본 데이터가 토큰 단위로 미세하게 분해되고 무작위로 재조합되면서 새로운 패턴을 학습한다.

이 과정에서 워터마크의 공간적 연속성과 구조적 무결성이 파괴되어 원본 추적이 불가능해지며, 순환 학습이 반복될수록 이러한 파괴가 누적된다. 1차 학습에서 부분적으로 손상된 워터마크는 2차, 3차 학습을 거치며 완전히 소거되거나 의미 없는 노이즈로 변질되기 때문이다. 또한 현재의 워터마킹 기술은 이미지나 오디오 같은 미디어 콘텐츠에 특화되어 있어, 텍스트나 코드 같은 구조적 데이터에는 적용하기 어렵다는 한계도 존재한다.

핑거프린팅 기술은 콘텐츠의 고유한 특징을 해시값이나 벡터로 변환하여 데이터베이스에 저장하고, 유사 콘텐츠 출현 시 원본과의 연관성을 파악하는 방식이다. 이론적으로는 워터마킹보다 변형에 강하나, AI 순환 학습 환경에서는 구조적 한계를 드러낸다. 핑거프린팅 시스템은 원본 데이터가 미리 데이터베이스에 등록되어야 작동하는데, 인터넷상의 수십억 개 콘텐츠를 모두 등록하는 것은 현실적으로 불가능하다.

특히 SNS의 일상 콘텐츠나 기업 내부 비공개 자료까지 포괄하기는 더욱 어렵다. 또한 AI 학습 과정에서 원본 데이터가 극도로 미세한 단위로 분해되고 재구성되기 때문에, 전통적인 유사성 알고리즘으로는 원본과의 연관성을 정확히 판단하기 어렵다.

저작권 관리 정보(Copyright Management Information, CMI)는 디지털 콘텐츠에 저작권자 정보, 이용 조건, 라이선스 정보 등을 메타데이터 형태로 첨부하는 방식이다. 저작권법은 CMI의 고의적 제거나 변경을 금지하고 있지만, 기술적으로는 상당히 취약한 구조를 가지고 있다.

CMI의 가장 큰 문제는 메타데이터가 콘텐츠 본체와 분리되어 저장된다는 점이다. 따라서 파일 변환, 플랫폼 이동, 형식 변경 과정에서 메타데이터가 쉽게 소실되거나 변경될 수 있다. 특히 AI 학습 데이터 전처리 과정에서는 데이터 크기 축소와 처리 효율성을 위해 메타데이터를 의도적으로 제거하는 경우가 빈번하다. 실제로 일부 AI 개발 회사들이 학습 데이터에서 저작권 정보를 체계적으로 제거했다는 보고들이 있어, CMI만으로는 실효적인 보호가 어렵다.

C2PA 표준

C2PA(Content Provenance and Authenticity)는 어도비, 마이크로소프트, BBC, 인텔 등 글로벌 기업들이 주축이 되어 디지털 콘텐츠의 출처와 진위를 확인하기 위해 개발된 민간 차원의 국제 기술 표준이다. C2PA 표준은 가짜 뉴스나 딥페이크 같은 조작된 콘텐츠로부터 진짜를 구별하고, 인간의 창작물인지 AI가 생성한 것인지를 명확히 식별할 수 있다는 점에서 디지털 콘텐츠의 투명성 확보에 기여한다.

C2PA의 핵심 구조는 매니페스트(manifest)로, 디지털 자산의 출처와 진위를 검증하기 위한 메타데이터를 담는 컨테이너 역할을 수행한다. 원본 매니페스트는 콘텐츠가 최초로 생성될 때 작성되며 작성자의 소유권 또는 생성 사실을 담고, 이후 편집이나 재배포가 이루어질 때마다 새로운 매니페스트가 생성되어 완전한 버전 이력을 형성한다. 메타데이터에는 작성자 및 발행자 정보,

생성 및 편집 시각, 사용된 소프트웨어 도구 및 버전, 콘텐츠 설명, AI 사용 여부 및 기여 수준, 디지털 서명 등이 포함된다.

국내에서는 아직 대중화되지 않았으나, 네이버가 국내 최초로 C2PA 연합에 가입하며 초기 도입을 시도하고 있다. 2026년 시행 예정인 「AI 기본법」에서 AI 산출물의 출처 표시 및 투명성 확보 의무가 강조됨에 따라, C2PA 같은 국제 표준이 법적 이행 수단으로 채택될 가능성이 제기되고 있다.

참고문헌

김원오(2025). "생성형 AI 프롬프트 기반 창작 시대의 IP 규범 재정립". 한국법제연구원.

김형지·정선아(2025). "인공지능기본법 통과에 따른 표시의무 도입과 국내 입법 동향". 《리걸타임즈》, 193.

남동선(2024). "AI 시대 디지털문서 신뢰성 확보를 위한 표준 동향". 한국무역협회.

류시원(2024). "인공지능 산출물 표시 규제 방안의 검토". 《저스티스》, 205, 518~572쪽.

박유선(2024). "생성형 AI 학습에 있어 창작자 보호를 통한 공생 관계 구축에 관한 연구". 《계간 저작권》, 37(3), 39~67쪽.

박유선(2025). "NFT/C2PA 메타데이터를 활용한 AI 학습 데이터 저작권 관리 방안 연구". 《산업재산권》, 80, 331~368쪽.

손승우·김원오(2018). "지식재산 서비스를 위한 블록체인의 활용과

정책제언”. 《Issue Paper》, 2018-5. 한국지식재산연구원.
성원영(2025.8.11). “인공지능기본법 31조, 주체·범위 모호…업계 ‘대응 어려움’ 호소”. IT Daily.
이일호(2025). “생성형 인공지능 시대, 저작권의 패러다임은 바뀌어야 하나?”. 《계간 저작권》, 38(1), 129~183쪽.
한국저작권위원회(2025). “AI 합성 생성물 확산에 따른 업계 대응 현황과 IP 보호 기술”. 《저작권 이슈 트렌드》, 50.
C2PA. C2PA Technical Specifications. https://spec.c2pa.org/specifications/specifications/1.0/specs/C2PA_Specification.html
C2PA. C2PA Implementation Guidance. https://spec.c2pa.org/specifications/specifications/1.0/guidance/Guidance.html
C2PA(2024c). Overview. https://spec.c2pa.org/
EU AI Act(2024). The AI Act: Responsibilities of the EU Member States. https://artificialintelligenceact.eu/responsibilities-of-member-states/
Infosys(2024). C2PA: An innovative approach to mitigate the harms of synthetic content. https://www.infosys.com/iki/perspectives/mitigate-harms-synthetic-content.html#:~:text=C2PA%20is%20a%20coalition%20of%20members%20who%20have,combat%20misinformation%20through%20provenance%20tracking%20of%20media%20assets
National Institute of Standards and Technology(2024). Reducing Risks Posed by Synthetic Content. https://doi.org/10.6028/NIST.AI.100-4
Valk, E. & Toepoel, I.(2025). DPG Media et al. vs.

HowardsHome – A national ruling on DSM's press publishers' rights and TDM exceptions. Kluwer Copyright Blog.

10
AI 시대, 아이디어와 표현의 경계에서

AI 시대, 인간의 창작 활동의 본질이 직접적인 '표현' 행위에서 AI 생성물의 방향성을 기획하고 창의적 영감을 부여하는 '아이디어' 설계로 이동하고 있다. 저작권법이 인간의 창작 활동의 인센티브가 되기 위해서는 인간의 아이디어와 창의적 선택의 법적 의미에 대한 새로운 논의가 이루어져야 하는 시점이다.

AI와 미래 의사?

활판 인쇄술과 저작권법

과거 책은 손으로 직접 베껴 쓰는 필사 방식으로 만들어졌기 때문에 제작에 엄청난 시간과 노력이 필요했고, 세상에는 극소수의 책만 존재할 수 있었다. 필사 시대에는 책 한 권을 베끼는 것도 원본을 만드는 것만큼 어려웠기 때문에 저작권이 굳이 필요하지 않았다.

하지만 활판 인쇄술이 발명되면서 상황이 바뀌었다. 책을 대량으로 찍어낼 수 있게 되었고, 이후 디지털 기술의 등장으로 복제와 배포는 더욱 쉬워졌다. 복제 비용은 점점 저렴해지는 반면, 작품을 창작하는 데 드는 비용과 노력은 여전히 컸다. 만약 창작자가 많은 시간과 노력을 들여 완성한 작품에 대한 적절한 보상을 받을 수 없다면, 누가 굳이 힘들게 새로운 작품을 만들려 하겠는가? 이에 따라 창작의 인센티브를 부여하는 법적 장치로서 저작권이 요구되었다.

이는 특허법과 동일한 논리다. 제약 회사가 신약 개발에 막대한 비용과 시간을 투자했지만, 시장 출시 후 제네릭 기업들이 저렴한 비용으로 동일한 성분을 복제할 수 있다면 최초 개발사는 막대한 손해를 입는다. 특허는 이런 상황에서 최초 개발자가 투자 비용을 회수할 수 있도록 보장하는 핵심 장치로 기능한다. 마찬가지로 저작권

역시 창작 행위에 수반되는 높은 비용과 위험을 보상하여 지속적인 창작 활동을 유인하기 위한 법적 장치로서 기능해 왔다.

저작권법은 오랜 기간 인간의 사상이나 감정을 표현한 창작물만을 보호 대상으로 삼는다는 원칙을 유지해 왔다. 아이디어와 표현의 이분법의 핵심은 아이디어 자체는 보호하지 않고, 그 아이디어를 구체화하는 표현 형식만을 보호하는 데 있다. 아이디어를 보호 대상에서 제외하는 근본적인 이유는 아이디어가 공공 영역(public domain)의 일부이기 때문이며, 어느 누구도 아이디어에 대한 독점적 권리(monopoly)를 가질 수 없도록 하기 위함이다. 이러한 원칙은 후속 창작자들이 기존의 아이디어를 자유롭게 활용하여 새로운 창작을 이어갈 수 있도록 장려함으로써 문화 및 관련 산업의 향상 발전에 이바지하고자 한다.

그런데 생성형 AI의 등장으로 과거 오직 인간의 지성에 의존했던 '표현의 구체화'라는 어려운 작업이 사실상 대체 가능해졌다. 이로 인해 복제 비용뿐만 아니라 창작 비용 자체도 대폭 절감되었다. 그 결과, 낮은 복제 비용에 대응하여 높은 창작 비용을 보호하고자 했던 저작권법의 기본 전제가 직접적 도전에 부딪히게 되었다.

더욱 심각한 문제는 현행 저작권 체계가 AI 생성물에 대해서는 프롬프트를 입력한 이용자에게 저작권을 인정하지 않는다는 점이다. 이는 오직 인간의 창작물에만 높은 창작 비용을 감수하도록 강제하는 결과를 낳으며, 사실상 인간 창작자의 경쟁력과 정당성을 약화시킨다. 창작자를 보호하기 위한 저작권 제도가 오히려 인간 창작물의 시장 경쟁력을 저하시키는 역설이 발생하는 것이다.

나아가 인간과 AI 창작물을 구별하는 것이 기술적 탐지 수단 없이는 사실상 불가능해진 현실에서, 인간 창작자들이 창작적 표현을 만들어 낼 근본적 동기를 상실하게 되는 결과가 발생하고 있다. 이에 따라 저작권법이 과연 여전히 인간의 창작 활동을 촉진하는 유인책으로 유효한지에 대한 본질적 질문이 제기된다.

AI 시대, 저작권은 창작의 인센티브가 되는가?

AI 시대에 저작권이 창작 인센티브로서 실효성을 유지하려면, 인간의 창의적 개입을 통해 생성된 AI 산출물의 저작권법적 지위에 대한 긍정적 검토가 필요하다.

저작권법은 전통적으로 저작물을 "인간의 사상과 감정을 표현한 창작물"로 정의해 왔으나, 요구되는 창작성의 수준은 극히 낮다는 점에서 AI 산출물 역시 인간의 개입 정도에 따라 저작물성이 달리 평가될 수 있다. 그러나 현재 미국을 중심으로 전개되는 논의는 대체로 상당한 수준의 인간 개입을 요구하는 경향을 보인다.

이에 따라 저작물성이 부인되거나, 인정되는 경우에도 인간의 창작적 요소가 명확히 식별되고 AI가 생성한 표현과 구별 가능한 범위에서만 보호가 인정된다. 또한 인간이 선택 · 수정 · 조합 등을 통해 AI 산출물에 실질적 창작 기여를 한 경우에 한하여 저작권 보호를 허용하는 제한적 태도를 취하고 있다.

그러나 현재 그리고 앞으로 맞이할 창작 환경에서 인간이 AI를 완전히 배제한 채 독립적으로 창작 활동을 수행할 것이라고 기대하기는 어렵다. 문학, 음악, 미술, 영상 등 다양한 분야에서 창작은 이미 인간과 AI의 협업을 전제로 이루어지고 있으며, 이는 거스를 수 없는 시대적 · 기술적 변화다.

여기서 주목할 만한 선례가 3차 산업혁명 시기의 법적 대응이다. 당시 손으로 하나하나 제작하던 물품이 공장에서 값싸고 질 좋은 대량 생산품으로 쏟아져 나왔을 때, 법은 그 경제적 이점을 부정하지 않으면서도 단순한 실용품은 보호에서 제외하되, 일정한 창작적 · 예술적 가치가 부가된 물품을 응용미술 저작물로 정의하여 저작권 보호를 인정하였다. 이는 대량 생산의 효율성과 창작물의 예술적 가치를 균형 있게 조화시키려는 제도적 장치였다.

이러한 역사적 경험을 고려할 때, AI 시대 저작권법 역시 인간이 AI를 도구로 활용하여 사상과 감정을 구체화하는 과정을 일정 수준에서 인정하고 보호를 확장하는 방향으로 진화해야 한다. 궁극적으로 저작권이 창작의 인센티브로 기능하기 위해서는, AI 산출물에 대한 인간의 창작적 기여와 개성의 반영 정도를 평가할 수 있는 새로운 기준의 정립이 필요하다.

생성형 AI와 인간의 역할

AI는 인간의 프롬프트에 반응하여 표현을 구체화함으로써 외견상 인간과 유사한 창작 활동을 수행하는 것처럼 인식된다. 그러나 AI의 작동 원리를 분석하면, 실제로는 대규모 학습 데이터에 포함된 기존 표현 양식들을 통계적으로 분석하고 이를 확률론적 알고리즘을 통해 재조합하는 기계적 과정에 불과하다는 것을 알 수 있다.

AI 산출물의 생성은 겉보기에 독창적 영감에 의한 창작으로 보일 수 있으나, 본질적으로는 학습 데이터 내 표현들의 수학적 조합과 통계적 변형의 결과물일 뿐이다.

이러한 관점에서 AI는 자율적 창작 주체가 아니라, 방대한 데이터베이스를 기반으로 패턴을 추출하고 재생산하는 고도화된 도구로 이해되어야 한다.

이와 대조적으로 프롬프트는 인간 창작자가 AI와 상호작용하는 핵심적 매개체로서 법적·창작적 중요성을 갖는다. 이용자는 단순한 기술적 명령이나 정보 검색을 요청할 수도 있지만, 동시에 주제 설정, 표현 방식의 선택, 미학적 판단, 창의적 개성의 투입을 통해 산출물의 방향성과 성격을 실질적으로 기획하고 통제한다. 특히 정교한 프롬프트는 창작자의 미적 비전, 문화적 맥락에 대한 이해, 그리고 예술적 의도를 집약적으로 담아내는 지적 산물로 기능한다.

따라서 AI 산출물에서 창작적 가치로 인정받을 수 있는 핵심 요소는 AI의 통계적 재현 능력에 있지 않고, 인간 창작자가 프롬프트를 매개로 자신의 창작적 의도와 미적 비전을 구체화하여 반영한 창작적 기여도에 있다고 생각한다.

저작권법은 전통적으로 아이디어와 표현의 이분법하에 결과물의 표현적 요소만을 보호해 왔다. 이 원칙에 따르면 아무리 독창적인 아이디어라 하더라도 그것이 구체적 표현으로 고정되지 않는 한 저작권 보호의 대상이

될 수 없었다. 그러나 AI 시대에는 인간 창작 활동의 본질이 직접적인 '표현' 행위에서 AI 생성물의 방향성을 기획하고 창의적 영감을 부여하는 '아이디어' 설계로 이동하고 있으며, 이러한 변화에 따라 프롬프트를 통한 이용자의 지적 노력과 창의적 선택의 법적 의미에 대한 논의가 이루어져야 할 시점이다.

참고문헌

차현우(2025). "생성형 AI 시대의 저작권법: 저작물성 논의를 중심으로". 서울대학교 대학원 석사학위논문.

Bondari, N.(2025). AI, Copyright, and the Law: The Ongoing Battle Over Intellectual Property Rights. IP & Technology Law Society.

Burk, D. L.(2023). Cheap Creativity and What It Will Do. *Georgia Law Review, 57.*

Caldwell, M.(2023). What Is an "Author"? – Copyright Authorship of AI Art Through a Philosophical Lens. *Houston Law Review, 61.*

Dellermann, D. et al.(2023). The Future of Human-AI Collaboration: A Taxonomy of Design Knowledge for Hybrid Intelligence Systems. https://arxiv.org/pdf/2105.03354

Mantegna, M.(2024). ARTificial: Why Copyright Is Not the Right Policy Tool to Deal with Generative AI. *Yale Law Journal, 133.*

Ostheimer, J. et al.(2021). An Alliance of Humans and Machines for Machine Learning: Hybrid Intelligent Systems and Their Design Principles. *Technology in Society, 66.* https://doi.org/10.1016/j.techsoc.2021.101647

박유선

강원대학교 데이터·지식재산융합학과 교수로 재직 중이다. University of New Hampshire에서 J.D.를, 동국대학교에서 법학박사 학위를 취득하였다. 로스쿨 졸업 후 스위스 세계지식재산권기구(WIPO)에서 근무하였으며, 미국 뉴욕주와 메릴랜드주 로펌에서 변호사로 활동하였다. 지식재산 분야 아세안 및 중동 국가 대상 국제개발협력 사업을 수행하였으며, 현재는 AI 시대 지식재산권 체계 재정립 연구에 집중하고 있다. "인공지능 시대 디지털 모사권에 관한 연구"(2025)를 비롯하여 30여 편의 학술논문 및 연구보고서를 국내외에 발표하였다.